Sanjay Chakraborty
Debashis Das Chakladar

Interação cérebro-computador

Sanjay Chakraborty
Debashis Das Chakladar

Interação cérebro-computador

Um estudo e uma análise baseados na aprendizagem automática

ScienciaScripts

Imprint

Any brand names and product names mentioned in this book are subject to trademark, brand or patent protection and are trademarks or registered trademarks of their respective holders. The use of brand names, product names, common names, trade names, product descriptions etc. even without a particular marking in this work is in no way to be construed to mean that such names may be regarded as unrestricted in respect of trademark and brand protection legislation and could thus be used by anyone.

Cover image: www.ingimage.com

This book is a translation from the original published under ISBN 978-620-2-19739-7.

Publisher:
Sciencia Scripts
is a trademark of
Dodo Books Indian Ocean Ltd. and OmniScriptum S.R.L publishing group

120 High Road, East Finchley, London, N2 9ED, United Kingdom
Str. Armeneasca 28/1, office 1, Chisinau MD-2012, Republic of Moldova, Europe
Printed at: see last page
ISBN: 978-620-8-04454-1

Índice

SOBRE O LIVRO 2
SOBRE O AUTOR 3
Capítulo 1 5
Capítulo 2 10
Capítulo 3 17
Capítulo 4 55
Capítulo 5 59
Capítulo 6 81
Resumo 85
Referências 86

SOBRE O LIVRO

O livro, tanto quanto é do conhecimento do autor, aborda alguns aspectos tradicionais e modernos da "interação cérebro-computador baseada na aprendizagem automática". Fornece uma análise aprofundada dos modelos e algoritmos de aprendizagem automática e demonstra as suas aplicações em problemas do mundo real no que diz respeito à interação cérebro-computador. O livro abrange seis capítulos no total. Começa com a perspetiva comportamental do cérebro humano, com a análise pormenorizada do sistema nervoso e de várias actividades neurais. O segundo capítulo trata dos pormenores dos vários ritmos cerebrais baseados no sinal EEG (eletroencefalograma) e dos tipos de interface cérebro-computador. Em seguida, o terceiro capítulo deste livro explica as diferentes ferramentas e componentes necessários para a sua realização inteligente em máquinas no que respeita a várias estratégias de aprendizagem automática. O quarto capítulo faz um breve levantamento dos trabalhos anteriores sobre a interação cérebro-computador, de modo a que um principiante no assunto possa compreendê-lo com um mínimo de esforço. O quinto capítulo deste livro trata principalmente das técnicas propostas que ajudam as pessoas com deficiência a interagir com o sistema informático através dos seus sinais cerebrais activos. O sexto capítulo aborda as várias questões de investigação futuras e as aplicações das técnicas de interação cérebro-computador baseadas na aprendizagem automática em problemas do mundo real. A discussão final das questões de investigação futura motiva os outros investigadores a fazer investigação futura nesta área. O livro é único pela sua diversidade de conteúdos, pela clareza e precisão da apresentação e pela exaustividade global dos seus capítulos.

SOBRE O AUTOR

Sanjay Chakraborty:

Concluiu a sua licenciatura em Tecnologias da Informação na Universidade de Tecnologia de Bengala Ocidental, Índia, no ano de 2009. Concluiu o seu Mestrado em Tecnologia no Instituto Nacional de Tecnologia, Raipur, Índia, no ano de 2011. Atualmente, trabalha como Professor Assistente no Departamento de Ciência e Engenharia Informática do Instituto de Engenharia e Gestão, em Calcutá. As suas áreas de interesse são a aprendizagem automática com sistemas inteligentes e a computação quântica. Tem mais de 30 publicações em várias revistas (SCI/SCOPUS), conferências e capítulos de livros. É membro profissional da IAENG e da UACEE.

Debashis Das Chakladar:

Completou o seu B-Tech e, atualmente, está a frequentar o seu M-Tech no Institute of Engineering & Management, Kolkata. As suas áreas de interesse são a aprendizagem automática e a interação homem-computador. Publicou recentemente um artigo sobre BrainComputer Interfacing numa conferência internacional da Springer. Trabalhou também na Tata Consultancy Services como programador durante alguns períodos.

Aos meus pais, o Sr. Swapan Chakraborty e a Sra. Swapna Chakraborty, que me criaram apesar do stress e das complexidades das suas vidas e se dedicaram à minha educação;

À minha mulher Lopamudra e ao meu filho Arohan, que me ajudaram a sobreviver e me inspiraram de muitas formas para escrever e completar este livro na sua forma atual;

Aos meus professores, que me ensinaram a arte de reagir a um ambiente em mudança;

Sanjay Chakraborty

À memória da minha querida mãe, a Sra. Chitra Das Chakladar, e

Para o meu pai,

Sr. NaniGopal Das Chakladar

O apoio e o encorajamento contínuos de Debadrita e Dyuti foram preciosos;

Debashis Das Chakladar

Capítulo 1

Introdução ao cérebro humano

1.1 Visão geral

O cérebro humano é a parte central do corpo humano. O cérebro pode receber e interpretar a informação dos objectos externos para que as pessoas possam interagir com o mundo exterior. O cérebro recebe a informação através dos cinco sentidos: visão, olfato, tato, paladar e audição. Interpreta a informação como uma mensagem com significado para o ser humano e armazena essa informação na memória [3]. O cérebro controla o pensamento, a memória, o movimento dos braços e das pernas e também determina a forma como o ser humano reage a diferentes situações de stress, regulando o ritmo cardíaco e respiratório [1].

1.2 Sistema nervoso e actividades neurais

O sistema nervoso divide-se em duas partes: O sistema nervoso central (SNC) e o sistema nervoso periférico (SNP). O SNC é o órgão vivo mais complexo do universo. O SNC é constituído pelo cérebro e pela medula espinal, enquanto o SNP é composto pelos nervos espinais que se ramificam da medula espinal e pelos nervos cranianos que se ramificam do cérebro [3]. O SNP controla funções importantes como a respiração, a digestão, a secreção de hormonas, etc.

Actividades neurais:

O cérebro é constituído por dois tipos de células: as células nervosas (neurónios) e as células gila. Cada célula nervosa é constituída por três componentes: axónio, dendritos e corpos celulares.

Células nervosas: As células nervosas/neurónios têm formas e tamanhos diferentes, mas todas elas contêm a estrutura básica (axónio, dendritos e corpo celular). Os neurónios transmitem a informação através de sinais eléctricos e químicos [2]. Quando um neurónio é excitado, transmite a energia ao neurónio vizinho através de um pequeno espaço chamado sinapse (Fig.1.1). Um neurónio tem muitos dendritos que actuam como uma antena para captar a informação de outras células nervosas. Esta informação é transmitida a todo o corpo celular do neurónio. As moléculas neurotransmissoras funcionam como um recetor da célula nervosa recetora, que estimula a célula nervosa a transmitir a mensagem.

Células de Gila: Estas células fornecem proteção e suporte estrutural aos neurónios. O número de células gila é 10 a 50 vezes superior ao número de células nervosas. Estas células estão principalmente envolvidas no tumor cerebral.

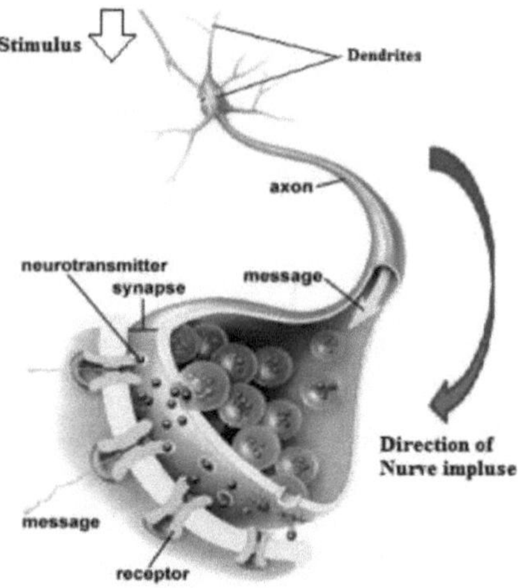

Fig.1.1: Estrutura básica do neurónio e mecanismo de passagem de informação [3]

1.3 Anatomia do cérebro humano

O cérebro humano é constituído por três componentes

* ***Cérebro***: É a maior parte do cérebro e é composto pelos hemisférios direito e esquerdo. Localiza-se diretamente sob a superfície do crânio. O tecido da superfície do cérebro é conhecido como "córtex cerebral". O córtex cerebral é cinzento, dobrado e marcado por várias cristas e vales. As cristas são conhecidas como "giros" e os vales são conhecidos como "sulcos"[4]. Devido à dobragem do córtex cerebral, a área do cérebro aumentou e um maior número de neurónios pode caber no crânio para desempenhar funções mais elevadas. Desempenha funções importantes como 1) interpretar a visão, o tato e a audição 2) iniciar movimentos complexos 3) lidar com acções cognitivas.

- **Cerebelo:** Está localizado no cérebro. O cerebelo é responsável pela procura e pela reunião das palavras para uma expressão ou pensamento adequados. Também lida com os movimentos musculares e mantém a postura.

- **Tronco cerebral:** Actua como uma ponte entre o cérebro e o cerebelo e a medula espinal. Desempenha muitas funções automáticas, como a respiração, a digestão, o ritmo cardíaco, os espirros, a tosse, os vómitos, etc.

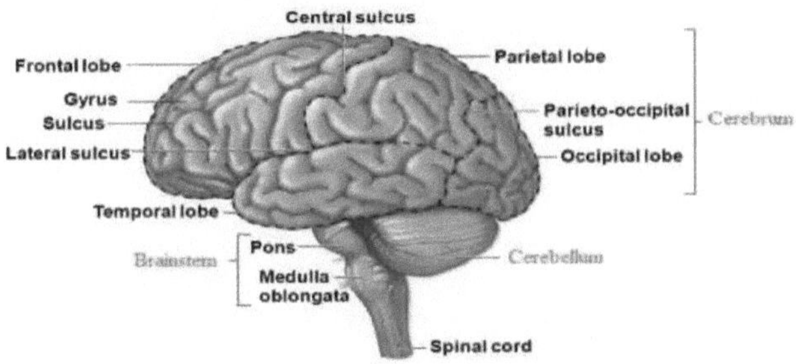

Fig1.2: Diferentes componentes do cérebro

O córtex é constituído por dois hemisférios: direito e esquerdo, que estão ligados através de um feixe de fibras chamado -corpo caloso" [1]. O corpo caloso é responsável pela transmissão da mensagem de um hemisfério para o outro. Cada hemisfério controla o lado oposto do corpo. Cada hemisfério está relacionado com actividades específicas. Em geral, o hemisfério esquerdo está relacionado com a fala, a escrita, a perceção auditiva das palavras e a linguagem, enquanto o hemisfério direito controla a criatividade, as actividades artísticas e musicais. Cada hemisfério está dividido em quatro regiões bem definidas, denominadas "lobos".

Lóbulos do cérebro:

Cada hemisfério está dividido em quatro lobos: frontal, temporal, parietal e occipital. Cada lóbulo tem uma funcionalidade específica e existe uma relação complexa entre os hemisférios direito e esquerdo com cada lóbulo. O desenho pictórico dos diferentes componentes e lóbulos em cada hemisfério é apresentado na Fig.1.2. A descrição pormenorizada de cada lóbulo é apresentada a seguir.

Lóbulo frontal

Este lobo está localizado na parte da frente do cérebro e está principalmente associado ao raciocínio, às capacidades motoras e à atividade cognitiva de nível superior. Na parte posterior do lobo frontal encontra-se o córtex motor, que é responsável pela receção das informações dos diferentes lobos e pela execução dos movimentos do corpo. As outras funções importantes dos lobos frontais são apresentadas a seguir.

* Personalidade, emoções

* Inteligência, concentração e resolução de problemas

* Falar e escrever

Lóbulo parietal

Este lobo está localizado na secção média do cérebro e está associado ao processamento de informações sensoriais como a pressão, o tato e a dor. As outras funcionalidades deste lóbulo são apresentadas a seguir.

* Interpreta a linguagem e as palavras

* Perceção espacial e visual

Lobo occipital

Este lobo está localizado na parte posterior do cérebro. O córtex visual primário, que recebe e interpreta a informação da retina do olho, está localizado neste lobo. Uma lesão deste lobo pode causar problemas visuais, como o reconhecimento de objectos, a identificação de cores, etc. A principal funcionalidade deste lóbulo é apresentada a seguir.

* Interpreta a visão (cor, luzes, objectos)

Lóbulo temporal

Este lobo está localizado na secção inferior do cérebro. O córtex auditivo primário, que é importante para a interpretação dos sons e da linguagem, também se encontra neste lobo. Este lobo também lida com as funções de memória. Por isso, uma lesão neste lóbulo provoca um problema de memória, audição, etc. As principais funções deste lóbulo são descritas a seguir.

- Compreender a língua

- Memória

- Audição

1.4 Resumo

A interface cérebro-computador (BCI) é um campo em expansão no domínio da neurocomputação. Por isso, antes de falarmos de BCI, devemos compreender o comportamento básico e as funcionalidades do cérebro humano. Este capítulo descreve a estrutura básica do cérebro humano e subdivide cada hemisfério em diferentes lobos. Este capítulo também inclui a localização e as funcionalidades importantes de cada lobo. Este capítulo também demonstra o mecanismo de passagem de mensagens entre cada célula utilizando uma figura adequada.

Capítulo 2

Introdução às BCI

2.1 Introdução às BCI

A interface cérebro-computador (BCI) é um tema de investigação muito popular nos últimos tempos. A BCI é uma via de comunicação entre o ser humano e a interface informática. A BCI é sobretudo útil para pessoas paralisadas ou com perturbações neuromusculares que não realizam qualquer atividade muscular. A tecnologia BCI consiste essencialmente em cinco secções (aquisição de sinais, processamento de sinais, extração de caraterísticas, classificação de caraterísticas e interface de aplicação). Os diferentes componentes da BCI e o fluxo do sinal cerebral são apresentados na Fig.2.1. O sinal cerebral é captado através de diferentes eléctrodos colocados no couro cabeludo ou no interior do cérebro. Esse sinal é processado (digitalizado, amplificado e filtrado) pela secção de processamento de sinais e enviado para a fase de extração de caraterísticas. A fase de extração de caraterísticas analisa o sinal digital e isola as caraterísticas importantes e relevantes (por exemplo, potência em bandas de frequência EEG específicas, taxas de disparo de neurónios individuais, etc.) do sinal filtrado. As caraterísticas relevantes estão altamente correlacionadas com a intenção do utilizador [5]. Após a conclusão da fase de extração das caraterísticas, procede-se à classificação das caraterísticas em classes adequadas. Uma vez efectuada a classificação, a interface da aplicação encarrega-se do restante processo. A interface de aplicação utiliza um algoritmo de tradução que converte as caraterísticas essenciais de cada classe em comandos adequados e envia o feedback ao ser humano. Os comandos são a saída da BCI que se converte em controlo do cursor, seleção de letras, operação do braço robótico, movimento da cadeira de rodas com base em diferentes aplicações da BCI. O tempo de processamento de todo o ciclo do BCI é muito reduzido, pelo que o tempo de resposta do ser humano será mais rápido. A descrição pormenorizada de cada fase da BCI será abordada no capítulo seguinte. Na BCI, foram utilizados diferentes tipos de sinais (EEG, ECog, LFP, SCP, etc.) com base na colocação dos eléctrodos. Cada sinal está relacionado com uma tarefa específica da

BCI. Os pormenores dos tipos de BCI e dos diferentes tipos de sinais serão discutidos mais tarde.

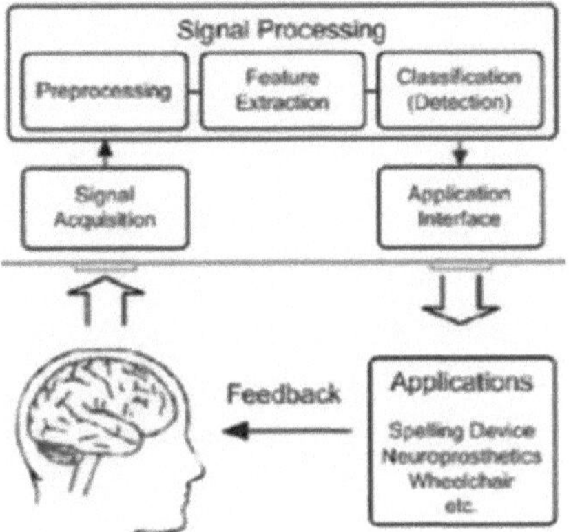

Fig 2.1: Componentes básicos do BCI [19]

2.2 Tipos de BCI

As BCI podem ser classificadas em três categorias: a) Aquisição invasiva de BCI, b) Aquisição parcialmente invasiva de BCI, c) Aquisição não invasiva de BCI. A classificação foi feita com base na forma de captação do sinal elétrico dos neurónios no cérebro. A classificação é altamente dependente da fase de aquisição do sinal na BCI.

• *Aquisição invasiva de BCI:* Nesta técnica, é implantado um dispositivo especial no cérebro para captar os sinais cerebrais. Alguns dispositivos podem detetar o sinal cerebral a partir de uma única área das células cerebrais, denominada unidade única, enquanto a deteção a partir de várias áreas das células cerebrais é denominada multi-unidades[6]. Como o dispositivo (elétrodo) é inserido no cérebro, a intensidade do sinal é melhor do que a dos outros métodos de aquisição, mas esta técnica pode provocar cicatrizes no cérebro.

• *Aquisição de BCI parcialmente invasiva:* Nesta técnica, os eléctrodos não são implantados dentro do cérebro, mas sim colocados dentro do crânio, em cima do cérebro humano. A intensidade do sinal é mais fraca do que no modo Invasivo, mas tem menos risco de formar tecido cicatricial [7].

- ***Aquisição de BCI não invasiva:*** Os dispositivos não invasivos são considerados os mais seguros e de baixo custo, mas só podem captar o sinal cerebral da semana, que pode conter ruído. Neste caso, os eléctrodos são inseridos no couro cabeludo. A maior parte dos métodos de aquisição de sinais não invasivos são construídos através da gravação de gráficos electroencefálicos (EEG) do couro cabeludo. O sinal EEG pode ser captado por um grande número de canais nos eléctrodos. Outros dispositivos não invasivos de BCI são a imagiologia por ressonância magnética funcional (fMRI), a espetroscopia de infravermelhos próximos (NIRS) e a magnetoencefalografia (MEG). O EEG, o método não invasivo mais importante, foi analisado na secção seguinte. Os outros métodos não invasivos importantes são abordados na secção 3.1.

2.3 EEG e ritmo cerebral

EEG:

O EEG é o método de aquisição de sinais mais útil para as BCI. O registo EEG pode captar alterações na atividade cerebral em poucos milissegundos. Embora a força do sinal captado pelo EEG seja mais fraca do que no modo invasivo, podemos utilizar até 256 eléctrodos para medir o sinal cerebral ao mesmo tempo. O EEG é fácil de instalar, portátil e económico. O equipamento de registo EEG é portátil e os eléctrodos podem ser facilmente colocados no couro cabeludo do sujeito utilizando uma capa de eléctrodos. Os sistemas BCI baseados no EEG utilizam uma estratégia de colocação de eléctrodos baseada no sistema 10-20, como se mostra na Fig.2.2.

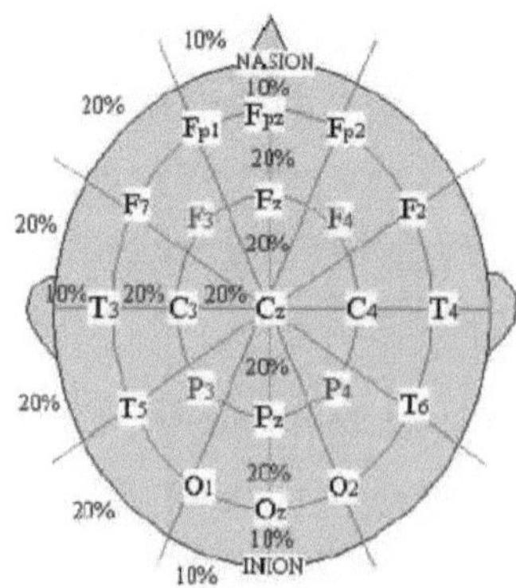

Fig.2.2: Colocação dos eléctrodos de acordo com o sistema 10-20[8]

Sistema 10-20 (EEG):

O sistema internacional 10-20 é o método reconhecido para descrever e localizar eléctrodos no couro cabeludo. Esta técnica é utilizada para experiências EEG em que -10" e -20" se referem à distância real entre dois eléctrodos adjacentes. As colocações dos eléctrodos são rotuladas de acordo com as áreas/lobos cerebrais adjacentes: F(Frontal), C(Central), T(Temporal), P(Parietal) e O(Occipital). Os eléctrodos com números ímpares são colocados no hemisfério esquerdo do cérebro e os eléctrodos com números pares no hemisfério direito [8]. Os diferentes lobos são responsáveis por diferentes acções do cérebro, pelo que os respectivos eléctrodos colocados no lobo também desempenham funções semelhantes.

As diferentes funcionalidades dos diferentes eléctrodos são apresentadas no quadro 1.

Tabela 1: Funcionalidades dos diferentes eléctrodos em cada lobo

Lóbulos no cérebro	Eléctrodos	Funcionalidade
Frontal	F7	Actividades racionais
	F8	Respostas emocionais
Central	C3/C4/Cz	Função sensorial e motora
Parietal	P3/P4/Pz	Percepções, diferenciação
Temporal	T3,T4	Processo emocional
	T5,T6	Funções de memória
Occipital	O1,O2	Visão

Ritmo cerebral:

O sinal neural gerado pelo cérebro pode ser classificado em duas categorias, como picos e potenciais de campo. Os picos reflectem os potenciais de ação de neurónios individuais e os potenciais de campo são classificados como a atividade sináptica, neuronal e axonal combinada do grupo de neurónios [1]. Os potenciais de campo podem ser medidos pela técnica EEG e, com base na frequência do ritmo cerebral, podemos classificar o sinal EEG em diferentes bandas.

* **_Banda delta_**: Esta banda pertence à frequência de sinal de 0,5-3,5 Hz. Esta banda tem a amplitude mais elevada e está relacionada com o sono de ondas lentas em adultos e bebés. A Fig.2.3 mostra um exemplo de banda Delta.

Fig.2.3 amostra da banda Delta [1]

* **_Banda teta_**: A frequência desta banda varia entre 3,5 e 7,5 Hz. Esta banda está associada à ineficácia e ao devaneio. Um nível elevado de teta conduz a um estado anormal dos adultos. A Fig.2.4 mostra um exemplo de banda Delta.

Fig.2.4 amostra da banda Theta [1]

-Banda alfa : A banda alfa varia de 7,5 a 12 Hz. Este sinal é muito afetado no lobo parietal dos dois hemisférios. Esta onda está relacionada com o fecho dos olhos e a atividade de relaxamento. A Fig.2.5 mostra um exemplo de banda alfa.

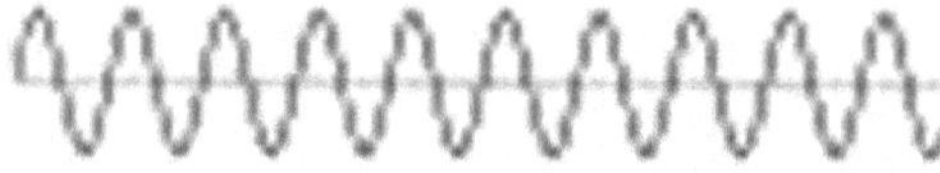

Fig.2.5 amostra da banda Alfa [1]

-Banda Beta: O sinal da banda Beta varia entre 12 e 30 Hz. É normalmente observada em ambos os hemisférios do lobo frontal. As ondas beta são frequentemente divididas em $\beta1$ e $\beta2$ para identificar a gama mais específica. Esta banda está relacionada com a resolução de problemas matemáticos ou com a atividade de movimento. A Fig.2.6 mostra um exemplo de banda beta.

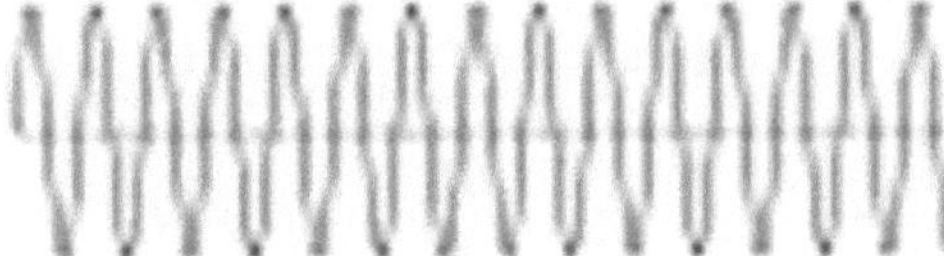

Fig.2.6 amostra da banda Beta [1]

• **Banda gama**: Esta banda pertence ao sinal com um intervalo de frequência de 31 Hz e superior. Reflecte o mecanismo da consciência. A Fig.2.7 mostra um exemplo de banda gama.

Fig.2.7 amostra da banda gama [1]

2.4 Componentes da BCI

A interface cérebro-computador (BCI) é constituída por cinco componentes: Aquisição de sinais, processamento de sinais, extração de caraterísticas, classificação de caraterísticas e interface de aplicação. As diferentes fases da BCI são apresentadas na Fig.2.1.

• **Aquisição de sinais:** Esta fase é necessária para captar o sinal elétrico do cérebro a partir do couro cabeludo, da superfície do cérebro ou da atividade neural. O sinal pode ser obtido de modo invasivo, parcialmente invasivo ou não invasivo. A técnica EEG do método não invasivo é uma técnica mais fiável para captar o sinal cerebral, mas a intensidade do sinal captado pelo EEG é muito baixa, pelo que o sinal captado tem de passar pela secção de processamento do sinal.

• **Processamento do sinal**: Esta fase trata de diferentes funcionalidades de processamento (amplificação, filtragem e digitalização) do sinal obtido. Como o sinal em bruto tem um rácio sinal/ruído elevado, tem de ser filtrado por alguns filtros passa-banda/Butterworth úteis. Depois de concluído o processo de filtragem, o sinal tem de ser amplificado e digitalizado para que o computador possa compreender o sinal.

15

- ***Extração de caraterísticas:*** Os registos EEG não só captam sinais eléctricos do cérebro, como também vários sinais indesejados. Após a conclusão do processamento do sinal, esta fase extrai caraterísticas úteis e relevantes do sinal, uma vez que o sinal indesejado ou o ruído podem levar a conclusões erradas.

- ***Classificação das caraterísticas:*** Esta é a fase mais importante do BCI. Depois de terminado o processo de extração de caraterísticas, os dados da amostra (recolhidos do sinal) são classificados com base em caraterísticas úteis. O processo de classificação pode ser efectuado utilizando diferentes classificadores (Linear: LDA/SVM, Não-linear: k-NN/QDA ou outros classificadores baseados em Ensemble). O desempenho do sistema BCI depende muito do modelo de classificação e da exatidão desse modelo.

- ***Interface de aplicação:*** Uma vez terminado o processo de classificação, dependendo da aplicação BCI, o resultado do classificador é transformado em comandos do dispositivo. Os comandos do dispositivo são interpretados no ecrã do computador para visualizar o pensamento mental do utilizador.

2.5 Resumo

Este capítulo trata das ideias básicas da BCI (ou seja, como funciona a BCI, quais são os componentes da BCI, etc.). Este capítulo aborda os diferentes modos de aquisição de sinais (invasivo, parcialmente invasivo e não invasivo) e foca o melhor método para a BCI. Este capítulo descreve em pormenor a técnica de EEG e a colocação de eléctrodos de EEG com a funcionalidade de cada elétrodo. Finalmente, este capítulo descreve os pormenores de cada secção (aquisição de sinais, processamento de sinais, extração de caraterísticas, classificação de caraterísticas e interface de aplicação) do BCI.

Capítulo 3

Componentes básicos da BCI

A BCI é constituída por cinco secções. O fluxo do sinal através das várias secções já foi abordado na secção 2.1. A breve descrição de cada secção já foi abordada na secção 2.4. Agora, neste capítulo, abordaremos detalhadamente cada secção e a sua funcionalidade. Cada secção tem uma atividade específica e todas as secções estão ligadas entre si.

3.1 Aquisição de sinais

Esta é a primeira fase do sistema BCI. O sinal cerebral é captado através de eléctrodos colocados sobre o crânio ou no interior do cérebro, utilizando abordagens invasivas ou não invasivas. Existem muitas técnicas nos métodos invasivos e não invasivos. Ilustramos aqui as técnicas importantes de ambos os métodos (invasivo e não invasivo). Nos métodos não invasivos, o EEG é a técnica mais utilizada, que é isenta de riscos e de baixo custo. Na secção 2.2, já discutimos os pormenores dos diferentes tipos de métodos de aquisição de sinais. A análise pormenorizada do EEG e da forma como o EEG separa as diferentes bandas do ritmo cerebral com base na gama de frequências já foi ilustrada com uma figura de exemplo na secção 2.3. Outras técnicas importantes utilizadas nos métodos não invasivos são MEG, fMRI, NIRS, etc. No modo invasivo, podemos utilizar a electrocorticografia (ECoG), os potenciais de campo locais (LFP), a atividade de unidades múltiplas (MUA) e os potenciais de ação de unidade única (SU) [10].

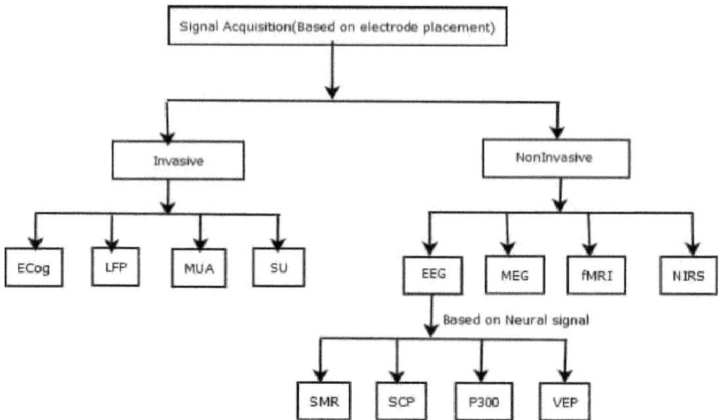

Fig.3.1 Categorização dos diferentes métodos de aquisição de sinal

A aquisição de sinais foi dividida em dois grupos principais, que se subdividem em várias técnicas, como se mostra na Fig. 3.1.

Método não invasivo:

Existem várias técnicas no âmbito do método não invasivo, como mostra a Fig.3.1. A técnica de EEG já foi abordada na secção 2.3, pelo que aqui abordamos as restantes técnicas do método não invasivo. Com base nos diferentes sinais neurais, o EEG pode ser dividido em quatro categorias, que serão abordadas no método EEG.

- EEG: Esta é uma das técnicas importantes do método não invasivo, uma vez que o registo EEG é isento de riscos, de baixo custo e portátil. Mas tem várias outras desvantagens, como uma elevada relação sinal/ruído e uma baixa resolução espacial, pelo que o sinal captado pelo EEG necessita de uma filtragem adequada para ser processado nas fases seguintes. Por vezes, o registo EEG capta o movimento oscilatório dos neurónios que criam circuitos de feedback. O disparo sincronizado dos neurónios cria o ciclo de feedback [1]. Utilizando o EEG, observamos diferentes tipos de sinais (Fig. 3.1) com base na atividade potencial dos neurónios. Os diferentes tipos de sinal baseados na atividade neural são discutidos abaixo.

> ***Ritmos Sensorimotores (SMR):*** A atividade espontânea combinada da banda de frequência alfa (8-13 Hz), da banda de frequência beta (14-30 Hz) e da banda gama

(>30 Hz) no córtex sensório-motor é designada por ritmos sensório-motores. Estas oscilações ocorrem durante o estado de "inatividade" ou de "repouso". O aumento da amplitude nesta banda de frequência é designado por sincronização relacionada com eventos (SRE) e a diminuição da amplitude nesta banda de frequência é designada por dessincronização relacionada com eventos (DRE).

> ***Potenciais corticais lentos (PCL):*** É o potencial cortical lento, que é causado por mudanças nos níveis de despolarização de certos dendritos. O PCL negativo reflecte geralmente a ativação cortical, enquanto o PCL positivo reflecte geralmente uma ativação reduzida.

> ***P300:*** Este sinal é o componente do ERP (Event related potential). A resposta do ERP é gerada após a ocorrência de um determinado evento externo ou interno. O soletrador P300 funciona com base neste sinal, uma vez que a onda P300 é registada quando a letra esperada aparece no ecrã do computador e é observada pelo sujeito.

> ***Potencial evocado visual (VEP):*** *Os potenciais relacionados com eventos (ERP)* são respostas que ocorrem no EEG num determinado momento após um determinado estímulo visual, auditivo ou somatossensorial. Um VEP importante e frequentemente utilizado é o potencial evocado visual de estado estável (SSVEP). Os SSVEP e outros VEP dependem da direção do olhar do utilizador, pelo que requerem controlo muscular.

• ***MEG:*** A MEG mede a indução magnética produzida pela atividade eléctrica na célula neural. A MEG tem semelhanças com o EEG, uma vez que o MEG e o EEG são, respetivamente, campos magnéticos e eléctricos produzidos por neurónios no cérebro. Tanto o EEG como o MEG detectam a atividade cerebral sincronizada. A vantagem da MEG em relação à técnica EEG é que os campos magnéticos são menos distorcidos pela camada do crânio do que os campos eléctricos, pelo que, utilizando a MEG, o tempo de treino seria reduzido e a fiabilidade do sistema BCI aumentaria [9].

• ***fMRI:*** A ressonância magnética funcional (fMRI) mede as alterações no fluxo sanguíneo relacionadas com a atividade neural no cérebro. Recolhe amostras de um grande número de localizações espaciais que abrangem todo o cérebro e encontra a informação de diferentes pontos de medição. Esta técnica difere do EEG/MEG porque mede o fluxo sanguíneo e não a atividade neural, pelo que é inerentemente ruidosa e morosa. Este processo lida com um atraso intrínseco, pelo que o tempo de resposta também é fraco.

• **NIRS:** A espetroscopia de infravermelhos próximos (NIRS) utiliza luz na gama dos infravermelhos próximos (700 a 1000 nm) e tenta identificar a oxigenação, o fluxo sanguíneo e o estado metabólico de regiões corticais localizadas. Este sinal funciona eficazmente em estruturas cerebrais que se encontram perto das superfícies cerebrais. A BCI baseada em NIRS é menos eficaz do que a BCI baseada em MEG ou EEG com base na taxa de transferência de informação, uma vez que o sinal NIRS sofre de um atraso na secção de feedback. O diagrama pictórico de cada sinal é apresentado nas fig. 3.2.1 a fig. 3.2.4.

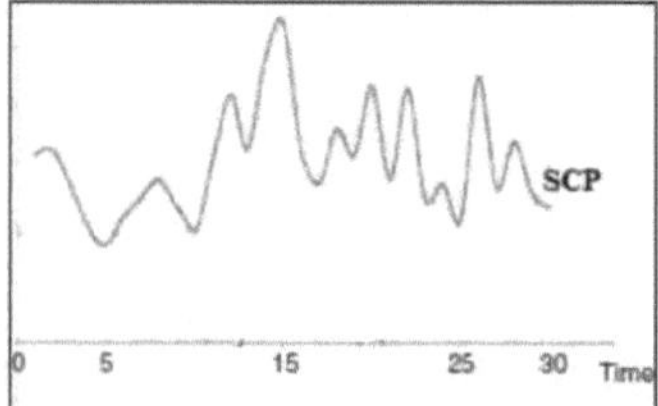

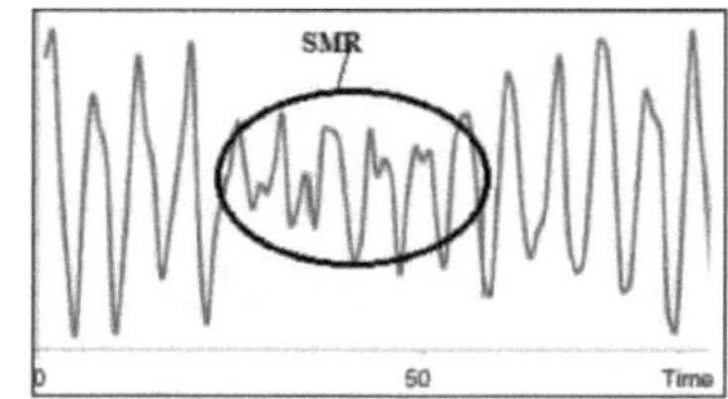

Fig.3.2.1 : Sinal SCP do EEG Fig.3.2.2 :Sinal SMR do EEG[10]

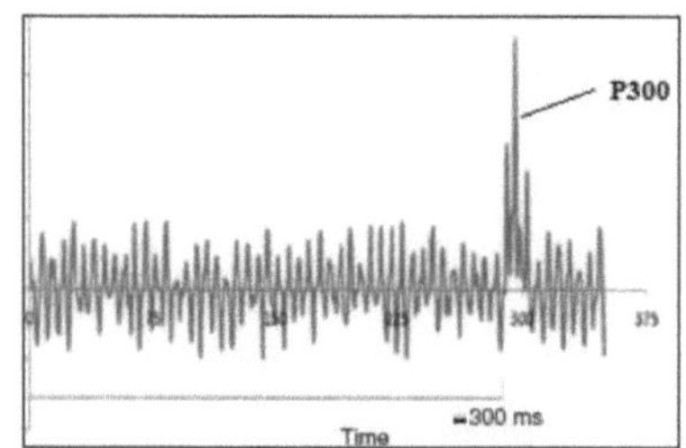

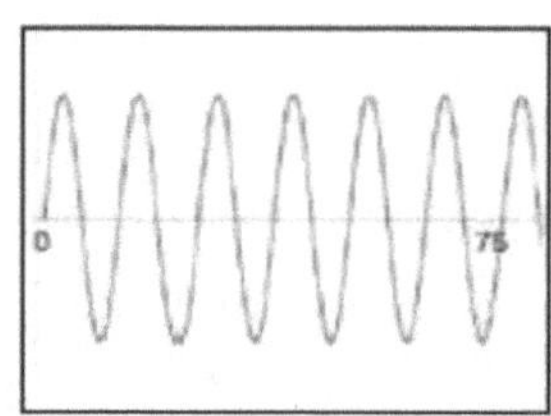

Fig.3.2.3 :Sinal P300 do EEG [10] Fig.3.2.4 :Sinal VEP do EEG

Método invasivo:

Neste método, os eléctrodos são implantados no interior do cérebro ou a colocação dos eléctrodos deve atravessar o nível do couro cabeludo e do crânio. Uma vez que os eléctrodos são colocados no interior do cérebro, a intensidade do sinal é superior à do método não invasivo, mas este método apresenta uma baixa relação risco/benefício. Os diferentes tipos de técnicas utilizadas no método invasivo são apresentados a seguir.

• ***Electrocorticografia (ECog):*** Neste método, o registo do sinal neural é captado a partir da superfície cortical do cérebro. O registo ECog é captado muito próximo do cérebro, pelo que o sinal tem uma resolução espacial mais elevada e uma maior clareza do que o método não invasivo.

• ***LFP/ MUA/SU:*** O LFP capta o potencial de campo de um pequeno grupo de neurónios, enquanto o MUA e o SU registam o potencial de ação de um único neurónio. Todas estas técnicas são aplicadas em animais. Embora este método proporcione a resolução espacial mais elevada, pode danificar o tecido que rodeia a área de registo devido à sua natureza invasiva.

3. 2Processamento do sinal

O sinal cerebral adquirido por eléctrodos pode conter ruído, pelo que este tem de ser removido para a fase de extração e classificação das caraterísticas. A intensidade do sinal pode diminuir devido ao ruído ou a valores atípicos, pelo que o sinal tem de ser amplificado e digitalizado para ser compreendido pelo computador. O objetivo é aumentar o SNR e isolar o sinal específico. Em seguida, são extraídas caraterísticas importantes do sinal útil através de vários mecanismos de extração de caraterísticas. A extração de caraterísticas é a parte mais útil da fase de processamento do sinal, em que as caraterísticas complexas e relevantes são extraídas utilizando diferentes métodos (redução da dimensão, frequência temporal e métodos espácio-temporais). Na secção seguinte, analisamos os pormenores de cada uma das técnicas de extração de caraterísticas. Na Fig.3.2.1 e na Fig.3.2.2 mostrámos o sinal após a aplicação do filtro Butterworth.

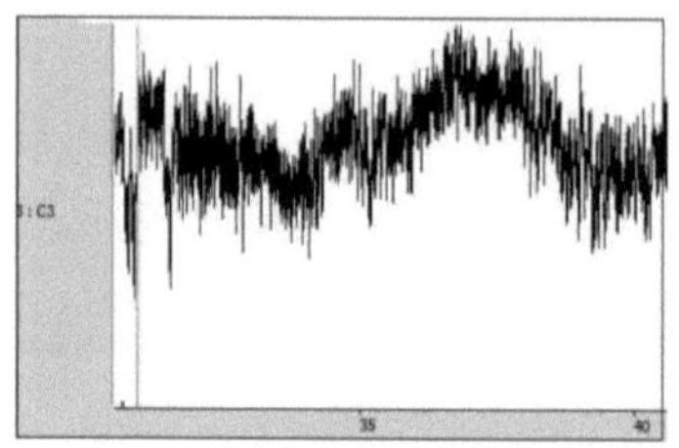

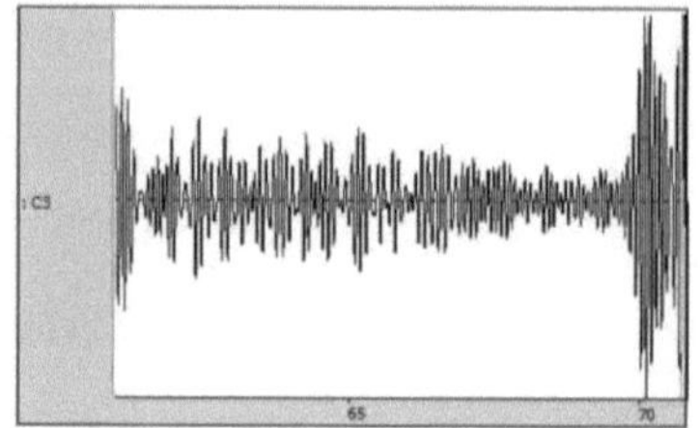

Fig. 3.3.1 Exemplo de sinal EEG Fig. 3.3.2 Sinal após a aplicação

Filtro Butterworth (16-24Hz)

3. 3Extracção de caraterísticas

O objetivo da extração de caraterísticas é transformar o sinal EEG pré-processado num conjunto de caraterísticas $p^{x = [x_1, ..., x_p]^T} \in X_p$ que seja adequado para a classificação ou regressão subsequentes. Nalguns casos, o sinal pré-processado pode já estar na forma de um conjunto adequado de caraterísticas. Mais tipicamente, é utilizada alguma forma de transformação no domínio do tempo ou da frequência para extrair as caraterísticas do sinal. Existe uma variedade de caraterísticas para o BCI, como os valores de amplitude dos sinais EEG, a densidade espetral de potência (PSD), as potências de banda, o auto-regressor (AR)[11], etc. Aqui discutimos alguns dos parâmetros importantes para encontrar caraterísticas.

Propriedades das caraterísticas:

- ***Ruído e*** valores ***atípicos***: As caraterísticas BCI são ruidosas e afectadas por valores atípicos O sinal EEG tem uma fraca relação sinal/ruído.

- ***Elevada dimensionalidade***: No BCI, as caraterísticas são extraídas de vários canais antes de criar o vetor de caraterísticas, pelo que a dimensão do vetor de caraterísticas é bastante grande.

- ***Não estacionário:*** As caraterísticas da BCI são de natureza não estacionária, porque o sinal EEG pode variar de tempos a tempos e um ligeiro movimento de pestanejar ou de movimento da cabeça altera o sinal EEG.

- ***Conjuntos de treino pequenos:*** O conjunto de treino é relativamente pequeno devido à necessidade de tempo para o processo de treino e teste. O quadro 2 descreve diferentes categorias de extração de caraterísticas, juntamente com as suas propriedades importantes.

Tabela 2: Resumo das técnicas de extração de caraterísticas

Categoria	Método	Propriedades
Redução de dimensão	APC	Transformação Linear.
		O conjunto de observações correlacionadas é transformado num conjunto de variáveis não correlacionadas.
		Método valioso de redução de ruído e dimensão.
	ACI	Eliminar o tempo de processamento do sinal e aumentar a taxa de comunicação de dados.
		Decompõe o sinal EEG em diferentes componentes independentes e é útil para a remoção de artefactos.
Espaço	CSP	Maximiza a diferença entre a variância da distribuição da densidade de dados de duas classes.
		Aumenta o desempenho das BCIs síncronas, mas apresenta resultados fracos nas BCIs assíncronas.
		Versões melhoradas do CSP - WaveletCommon Spatial Pattern (WCSP)
Tempo-frequência	AR	Útil para diferentes aplicações, como a compressão de dados e a classificação.

		Apresenta um desempenho mais consistente para dados não segmentados.
		Versão melhorada do AR :Multivariate Adaptive AR(MVAAR).
	CWT	Útil para o sinal de potencial cerebral relacionado com eventos.
		Fornece informações sobre a frequência e o tempo do sinal.
	DWT	Reduz a redundância e a complexidade da CWT.
		Dividir o sinal EEG em janelas sobrepostas e efetuar a classificação.
	Fourier Transformar	A Transformada Discreta de Fourier (DFT) converte a função da série temporal no domínio da frequência.
		O sinal cerebral SSVEP de alta frequência pode controlar o movimento do cursor dos indivíduos.
		Os sinais de frequência μ e β elevados podem ser úteis para as funções de imagiologia motora.
	Wavelet	Extrair caraterísticas de bandas de frequência específicas. A transformada Wavelet (WT) decompõe os componentes do sinal no domínio do tempo e da frequência.
		Uma versão avançada da DWT: a

24

	transformada discreta de pacotes de wavelets (DPWT) devolve mais coeficientes de sinal do que a DWT.
	Útil para o reconhecimento de padrões e imagens.

3.3.1 Técnica de redução de dimensão:

3.3.1.1 Análise de componentes principais (PCA)

A PCA é um método de extração de caraterísticas após a redução da dimensão dos dados. A transformação linear gera um conjunto de componentes a partir dos dados de entrada, ordenados de acordo com as suas variâncias, de modo a que o primeiro componente principal tenha a variância mais elevada. A PCA projecta os dados de entrada num espaço de dimensão k com k vectores próprios. Todos os pontos de dados (X) são projectados na direção do primeiro vetor próprio (v), de modo a que a variância resultante (Z) seja máxima. Em seguida, encontrar o erro na distância projectada para esse primeiro vetor e, com base nisso, escolher o segundo vetor na dimensão (d-1).

$$z=Xv \ldots\ldots\ldots(1)$$

Onde, X=matriz de dados com d-dimensões.

v=Vetor de Eigen correspondente ao primeiro valor de Eigen.

Os valores próprios significativos são selecionados utilizando o teste ANOVA, que é depois treinado e testado com vários classificadores supervisionados utilizando a técnica de validação cruzada estratificada 10 vezes. A PCA também remove artefactos para reduzir a dimensão do sinal.

3.3.1.2 Análise de componentes independentes (ICA)

O ICA é outro método popular de extração de caraterísticas. O ICA parte do princípio de que o sinal EEG observado é uma mistura de vários sinais de origem independentes. Expressa o sinal resultante x(t) em relação ao sinal de origem s(t) da seguinte forma.

$$x(t) = f(s(t)) + n(t)\ldots\ldots(2)$$

Onde f é a função misturadora, n(t) é o sinal ruidoso, s(t) é o sinal de origem e x(t) é o sinal de saída. A dimensão do sinal de origem depende do número de fontes e a dimensão do sinal de saída depende do número de canais de dados medidos.

O processamento do ICA é apresentado na Fig.3.4.

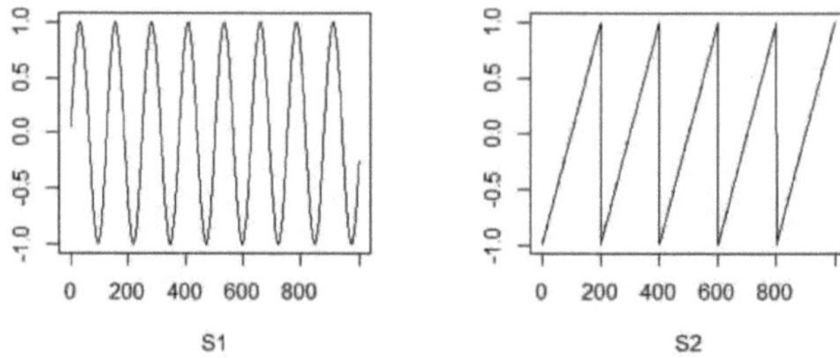

Fig.3.4.1 Fonte (Sl) e matriz de mistura (S2) (usando -R")

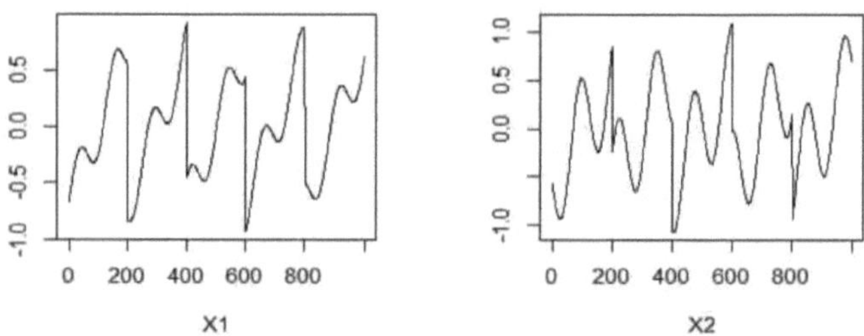

Fig.3.4.2 Mistura de dois sinais (S1 e S2) usando a matriz de mistura (usando -R")

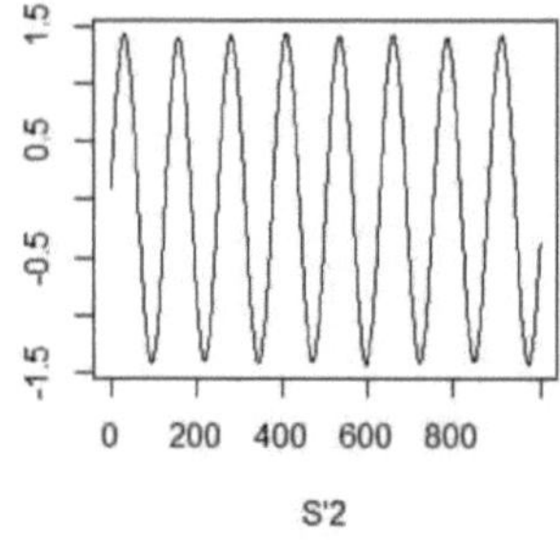

Fig.3.4.3 Sinal ICA final (utilizando -R")

3.3.2. Técnicas espácio-temporais

3.3.2.1   *Método de filtragem Laplaciano*

Os métodos de filtragem espacial podem aumentar a relação sinal/ruído melhorando o sinal de controlo ou reduzindo o ruído. O ruído difere geralmente do sinal de controlo nas suas distribuições topográficas de frequência. A seleção adequada de um método de filtragem espacial é decidida pela localização e extensão do sinal de controlo (por exemplo, o ritmo mu) e pelas localizações e extensões das diferentes fontes de ruído EEG ou não EEG. Uma vez que as fontes de ruído são complexas e altamente variáveis nos sujeitos, a seleção da filtragem espacial é mais bem conseguida se se proporcionar a maior relação sinal-ruído. O método Laplaciano funciona como um filtro espacial passa-alto que acentua a atividade localizada e reduz a atividade mais difusa. É possível obter uma resolução espacial elevada utilizando muitos eléctrodos (por exemplo, 64) espalhados por todo o couro cabeludo. O valor do Laplaciano em cada localização dos eléctrodos é calculado combinando o valor nessa localização com os valores de um conjunto de eléctrodos circundantes. As caraterísticas do filtro Laplaciano são determinadas pelas distâncias ao conjunto de eléctrodos circundantes. À medida que a distância diminui, o Laplaciano torna-se mais sensível aos potenciais eléctricos com frequências espaciais mais elevadas e menos sensível aos potenciais com frequências espaciais mais baixas.

Com base no cálculo de dois conjuntos diferentes de eléctrodos circundantes, os eléctrodos Laplacianos são de dois tipos: um Laplaciano pequeno (eléctrodos vizinhos mais próximos) e um Laplaciano grande (eléctrodos vizinhos mais próximos). Se o sinal de controlo for altamente localizado e estável ao longo do tempo, o pequeno Laplaciano proporciona uma relação sinal/ruído mais elevada. Por outro lado, no caso do cenário inverso, o Laplaciano grande revela-se mais superior [37].

3.3.3. Método tempo-frequência

3.3.3.1 *Transformada de Wavelet Contínua (CWT)*

A CWT é uma técnica poderosa para extrair caraterísticas valiosas do sinal e é também utilizada como uma ferramenta de reconhecimento de padrões. Utilizando algumas propriedades do modelo de wavelets, a CWT tem um melhor desempenho do que o método clássico de correspondência de modelos. As wavelets são adequadas para a análise de sinais transientes, em que as propriedades espectrais do sinal mudam com o tempo. Matematicamente, a transformada de ondaletas contínuas (CWT) calcula os produtos internos de um sinal contínuo com um conjunto de ondaletas contínuas de acordo com a seguinte equação,

$$\text{CWT}_{(a,b)} = \int_{-\infty}^{\infty} s(t)\, \psi^{*}_{a,b}(t)\, dt \quad \ldots\ldots\ldots(3)$$

Onde, s(t) representa o sinal EEG bruto, $\psi_{,ab}(t)$ denota uma wavelet contínua, a e b representam factores de dilatação e translação, respetivamente.

O conjugado complexo $\psi^{*}_{,ab}(t)$ pode ser calculado como,

$$\psi_{a,b}(t) = 1/\sqrt{|a|}\ (\psi(t\text{-}b/a)) \quad \ldots\ldots\ldots(4)$$

A principal desvantagem deste método é a alteração contínua dos parâmetros a e b, o que consome muito esforço e produz muita informação não utilizada [20].

3.3.3.2 Transformada de Wavelet Discreta (DWT)

O principal inconveniente da CWT é o facto de produzir redundância e complexidade, uma vez que implica a análise de um sinal num número muito elevado de frequências após a deslocação da wavelet-mãe. A DWT traduz e dilata a wavelet-mãe em valores discretos. A multi-resolução dos dados EEG brutos x(n) foi dividida em dois filtros digitais g(n) e h(n) e divide a amostra por dois. A wavelet-mãe discreta g(n) é um filtro passa-alto, enquanto a imagem espelhada h(n) é um filtro passa-baixo. A decomposição do sinal EEG bruto utilizando a DWT é mostrada na Fig.3.5.

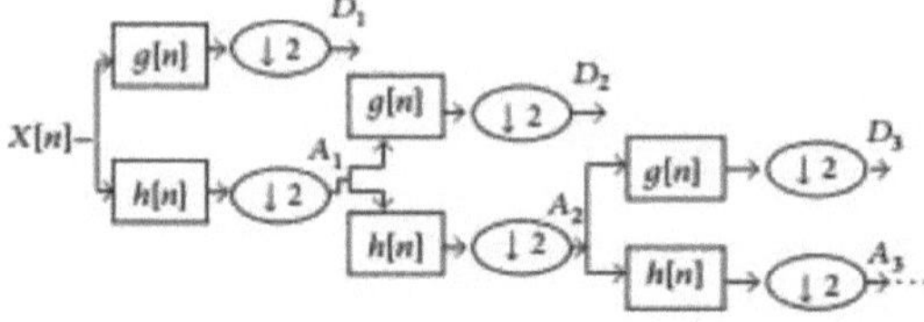

Fig.3.5 Decomposição do sinal EEG bruto por DWT [20]

3.3.3.3 Repressor automático (AR)

O método AR é útil para a extração de caraterísticas no que diz respeito ao domínio do tempo. Um sinal EEG em bruto pode ser ilustrado utilizando um modelo auto-regressivo (ARM) mencionado abaixo.

$$a(n) = A_1 a(n-1) + A_2 a(n-2) + \cdots + A_p a(n-p) + e(n)$$

$$....(5)$$

Onde, A1,A2...,Ap são os parâmetros do MRA é a ordem do MRA são os pontos temporais discretos do sinal e e(n) é o ruído. O modelo ARM utiliza uma abordagem paramétrica para obter uma melhor frequência sem qualquer problema de fuga espetral; por conseguinte, tem um melhor desempenho do que a abordagem não paramétrica. A estimativa espetral AR é preferível à utilização da transformada de Fourier, mas o seu desempenho é fraco no caso de sinais não estacionários. Para ultrapassar este problema, foi implementada uma AR adaptativa multivariada (MVAAR).

3.3.3.4 Transformadas de Fourier

O sinal EEG é de natureza não-estacionária, o que significa que o seu espetro muda com o tempo. A extração de caraterísticas de um sinal EEG ruidoso no domínio da frequência é uma das melhores formas de reconhecer as tarefas mentais com base nos sinais EEG [31]. Para o fazer, temos de descrever a energia do sinal EEG como uma função do tempo e/ou da frequência. Assim, o espetro do sinal EEG pode ser analisado através da aplicação da técnica da transformada rápida de Fourier (FFT) discreta. De facto, as funções de Fourier não representam adequadamente sinais não estacionários. Por conseguinte, foram aplicadas janelas apropriadas às funções de Fourier que calculam a estimativa da densidade espetral de potência (PSD), a fim de representar seletivamente o sinal das amostras de EEG [32]. A transformada de Fourier de tempo curto (STFT) é um tipo de representação tempo-frequência. A sequência de informação $x_i(n)$ pode ser expressa como,

$$X_i(n) = X(n+iD),\ n=0,1,2,\ldots,M-1 \text{ while } i=0,1,2,\ldots,L-1; \quad \ldots\ldots(6)$$

Aqui, $\hat{I}D$ é o ponto de início da sequência i^{th}. Em seguida, L de comprimento 2M representa os segmentos de dados que são formados. A saída resultante dá,

$$\tilde{P}_{xx}^{(i)}(f) = \frac{1}{MU}\left|\sum_{n=0}^{M-1} x_i(n)w(n)e^{-j2\pi fn}\right|^2.$$

$$\ldots\ldots(7)$$

Na equação acima, na função de janela, U dá o fator de normalização da potência e $w(n)$ é a função de janela.

3.3.4 Extração de caraterísticas no domínio espacial

3.3.4.1 Padrão Espacial Comum (PEC)

O CSP é um método de extração de caraterísticas que projecta sinais EEG multicanal num subespaço, onde as diferenças entre classes são realçadas e as semelhanças são minimizadas. O CSP pode ser regularizado num subespaço estacionário (SCSP) e aumenta a precisão da classificação. Atualmente, o CSP tem sido implementado na classificação de nível multi-classe com base em algumas abordagens heurísticas.

3.4 Classificação de caraterísticas

Depois de extraídas as caraterísticas necessárias do sinal EEG, é necessário classificá-las corretamente utilizando um classificador adequado. Existem diferentes classificadores para identificar e classificar as caraterísticas adequadas do sinal EEG. Devido às propriedades não estacionárias e de elevada dimensionalidade do sinal EEG, surgem por vezes alguns problemas para classificar os sinais de forma adequada. O algoritmo de classificação pode ser dividido em duas partes: 1)Regressão, 2)Classificação, mas a abordagem de classificação é a mais adequada nos dias de hoje. Os algoritmos de regressão são sobretudo utilizados quando se tenta prever a intenção do utilizador com base nas caraterísticas extraídas do sinal EEG, enquanto os algoritmos de classificação são utilizados para classificar as caraterísticas independentes na classe adequada. Os algoritmos de classificação são melhores para problemas de duas classes, como por vezes se designa por **"classificação binária"**, e os algoritmos de regressão são melhores para alvos múltiplos. A Fig. 3.6 ilustra a diferença entre o algoritmo de regressão e o algoritmo de classificação. A partir da Fig.

3.6, podemos concluir que, para um maior número de caraterísticas independentes, o algoritmo classifica corretamente cada uma das caraterísticas na classe adequada.

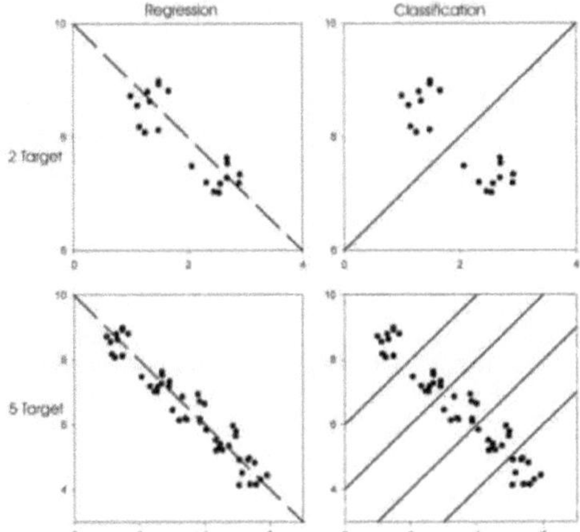

Fig 3.6 Classificação versus Regressão: quando o número de alvos é igual a 2, ambos os algoritmos (Regressão, Classificação) utilizam um único método, mas quando o número de alvos (n) aumenta para 5, a classificação necessita de 4 (i:e:n-1) classificadores, mas a Regressão necessita apenas de um método.

Taxonomia de classificadores

Para selecionar o classificador adequado para problemas específicos de BCI, é necessário conhecer as diferentes propriedades de cada classificador. Neste ponto, abordamos as diferentes taxonomias de cada classificador.

• **Generativos-discriminativos:** Os classificadores generativos (Bayes quadrático) aprendem os modelos de classe a partir da probabilidade dos dados. Para classificar um vetor de caraterísticas, calcula a probabilidade de cada classe e atribui o ponto de dados à classe mais provável. Os discriminatórios (Support Vetor chines) só aprendem a forma de discriminar as classes para classificar diretamente um vetor de caraterísticas.

• **Estático-dinâmico:** Os classificadores estáticos (Multilayer Perceptron) não têm em conta a informação temporal durante a classificação, uma vez que classificam um único vetor de caraterísticas. Mas os classificadores dinâmicos (Hidden Markov

Model) podem classificar uma sequência de vectores de caraterísticas em tempo de execução para calcular o resultado.

* **Estável-instável:** A análise discriminante linear é um classificador estável, uma vez que pequenas variações no conjunto de treino não afectam consideravelmente o seu desempenho. Por outro lado, os classificadores instáveis (MultiLayer Perceptron) têm uma complexidade elevada, uma vez que o desempenho é afetado por pequenas variações do conjunto de treino.

Na tabela 3.3 discutimos várias categorias de classificação de caraterísticas, incluindo Linear, Não-linear e Gráfica. Também discutimos brevemente as propriedades importantes de várias abordagens/modelos que pertencem a essa categoria.

Tabela 3. Resumo dos diferentes métodos de classificação

Taxonomia	Modelo	Propriedades
Modelo generativo	Abordagem Bayesiana	1) Utilizar o conhecimento estatístico prévio da caraterística e a técnica de estimação de parâmetros (máxima verosimilhança) para encontrar o resultado posterior. 2) Não é muito popular nos sistemas BCI.
Linear	LDA	1) As caraterísticas são separadas em diferentes classes com base na função discriminante. 2) Falha na presença de ruído forte e de caraterísticas de elevada dimensão. 3) Versões melhoradas de LDA - BLDA, FLDA.
	SVM	1) Maximiza a distância entre os pontos

		de dados de treino mais próximos e o hiperplano de separação. 2) Útil para abordagens lineares e não lineares (utilizando kernel). 3) Apresenta resultados fracos na presença de outliers, pelo que é necessária uma regularização. 4) Classificador rápido.
Não linear	k-NN	1) Utiliza distâncias métricas entre caraterísticas dos dados de teste e dos seus vizinhos. 2) Dá bons resultados se o número de vectores de caraterísticas for pequeno e estiver distribuído localmente. 3) Apresenta um elevado desempenho em problemas de reconhecimento de padrões.
	ANN	1) Abordagem simples, com elevado nível de precisão nos testes. 2) Proporciona uma classificação mais exacta com PCA. 3) Não é adequado para uma distribuição de classes desequilibrada. 4) Modelo avançado de ANN-PNN.
	QDA	1) Utiliza uma matriz de covariância diferente para cada classe.

		2) Útil para movimentos dos membros esquerdo e direito em BCI.
Gráfico	HMM	1) Classificador dinâmico. 2) Aplicável aos movimentos do braço e à classificação mental de tarefas em BCI.

Métodos de classificação:

3.4.1 *Classificador Bayesiano*

Este classificador segue a regra de Bayes que define que, para um determinado ponto de dados (x), a probabilidade posterior $P(y|x)$ é calculada utilizando a probabilidade anterior $P(y)$, a probabilidade dos dados $P(x)$ e a função de densidade de classe $P(x|y)$. Assim, a regra de Bayes é apresentada de seguida,

$$P(y|x)=P(y)P(x|y)/P(x) \quad \ldots\ldots\ldots\ldots(8)$$

Para a probabilidade posterior, parte-se do princípio de que as caraterísticas de entrada de cada classe se distribuem de forma gaussiana, embora por vezes a distribuição também seja uma mistura ponderada de gaussianas. Um estímulo visual baseado no P300 controlou a direção do alvo selecionado para dirigir a cadeira de rodas. A classificação utiliza a probabilidade prévia dos componentes alvo e não alvo e calcula a probabilidade posterior dos alvos para mover a cadeira de rodas. Este classificador também utilizou um classificador Bayesiano de variação adaptativa quando os segmentos EEG se traduzem em probabilidades de estados cognitivos para controlar diferentes estados mentais.

3.4.2 *Análise Discriminante Linear (LDA)*

O LDA é um método muito popular utilizado para a classificação de caraterísticas em BCI. Dá uma boa precisão em diferentes sistemas BCI, como o P300 speller, BCI multiclasse. Para o problema de duas classes, a LDA utiliza um hiperplano linear para separar duas classes. A LDA define a função discriminante $(f(x))$ para cada classe e classifica um novo vetor de caraterísticas com o valor máximo de $f(x)$. A função discriminante (f(x)) do hiperplano de separação para o problema de duas classes quando classe1=classe2 é mencionada na equação 9.

$$\hat{f}(x) = w^T x + w0 = 0 \qquad \dots\dots\dots\dots\dots(9)$$

Onde (**w**) é conhecido como o vetor de pesos, (**x**) é o vetor de caraterísticas de entrada e (**w0**) é um limiar/concordância. O vetor de caraterísticas de entrada(**x**) é atribuído a qualquer uma das duas classes com base no sinal da função discriminante.

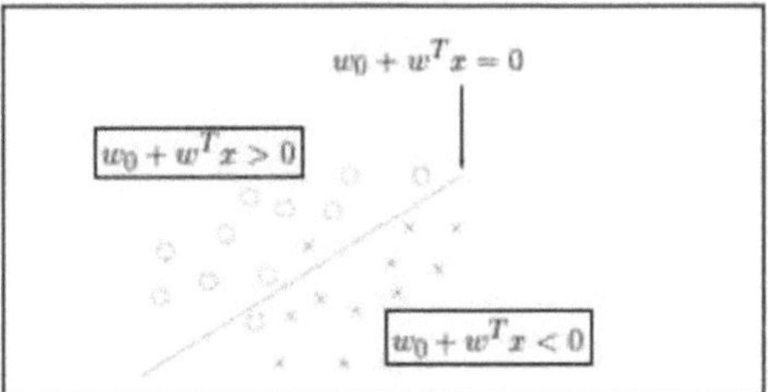

Fig.3.7 O hiperplano linear separa duas classes ("círculos" e "cruzes") [11]

Ilustramos o princípio de funcionamento da LDA utilizando duas classes ("círculos" e "cruzes"), como mostra a Fig.3.7. O hiperplano linear separa os pontos de dados com base na função discriminante, mencionando que, quando a classe 1 = classe 2, utilizamos a função discriminante referida na equação 1. A classificação LDA é representada na Fig.3.8, onde o hiperplano linear separa os pontos de dados da amostra em duas classes (vermelho e preto).

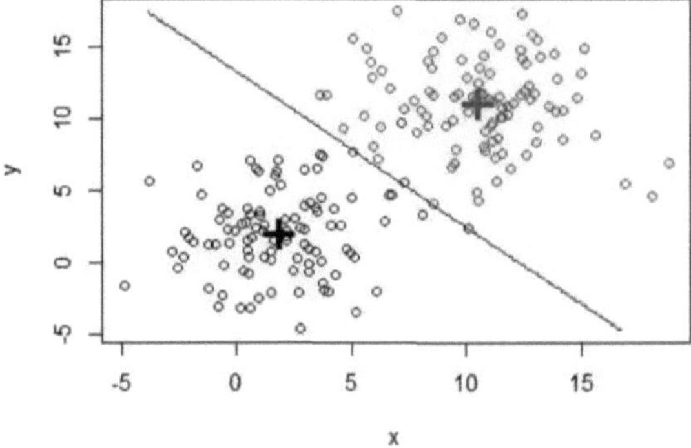

Fig.3.8 Classificação LDA utilizando R

Outra visão da LDA

Para o problema de duas classes, projetar os pontos de dados de forma a que a variância inter-classes seja maximizada em relação à variância intra-classes. Assim, os pontos de dados de diferentes classes são suficientemente bem separados. Com base neste ponto de vista, o desempenho do LDA é calculado utilizando o critério de Fisher (J).

$$J = (m_1 - m_2)^2 / [(s_1)^2 + (s_2)^2] \quad \ldots\ldots(10)$$

Onde, m1 m2 é a média projectada da classe1 e da classe2, respetivamente.

$(m1-m2)^2$ = Variância interclasses.

$(s1)^2 + (s2)^2$ são a variância interclasses.

Um valor mais elevado do critério de Fisher (J) conduz a uma melhor classificação e um valor mais baixo significa uma pior classificação.

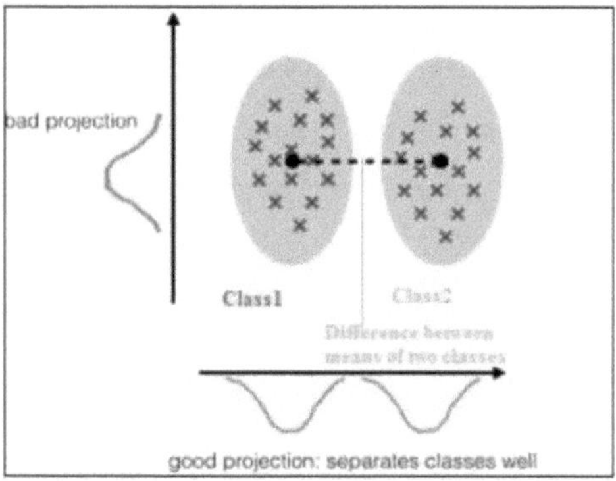

Fig.3.9. Separação de classes utilizando o critério de Fisher [29]

A partir da Fig. 3.9, podemos concluir a direção da projeção dos pontos de dados em duas classes. O desempenho da LDA depende da direção da projeção. Os eixos horizontais referem-se a uma boa projeção para a distância máxima interclasses das suas médias, enquanto a projeção vertical é a má projeção para a menor distância entre duas classes. Um LDA de Fisher regularizado (RFLDA) também tem sido utilizado no domínio das BCI. Este classificador introduz um parâmetro de regularização que pode permitir erros de classificação no conjunto de treino. O classificador resultante pode acomodar outliers e obter melhores capacidades de generalização. Como os outliers são comuns nos dados EEG, esta versão regularizada do LDA pode dar melhores resultados para BCI do que a versão não regularizada.

3.4.3 *Máquina de vetor de suporte (SVM)*

O SVM também utiliza um hiperplano linear para separar os vectores de caraterísticas em duas classes. Mas utiliza o hiperplano ótimo que maximiza a margem, ou seja, a distância entre os vectores de apoio e o hiperplano. Assim, estes vectores de apoio são os mais importantes no SVM, pois se a posição do vetor de apoio mudar, o hiperplano também se desloca. Mas, por vezes, alguns dos vectores de apoio (variável de folga) encontram-se no lado errado da margem, sendo esta margem também designada por "margem suave". Foi utilizado um parâmetro de regularização (C) para controlar um certo número de variáveis de folga e o compromisso entre a polarização e a variância. O SVM que separa linearmente duas classes utilizando um hiperplano é designado por SVM linear. Para resolver dados de baixa dimensão, a SVM utiliza a SVM linear quando o tamanho do vetor de caraterísticas é grande, então utilizamos diferentes SVM não lineares com um aumento mínimo de complexidade. A figura (Fig.3.10) mostra o hiperplano de separação ótimo e os vectores de apoio colocados sobre esse hiperplano na SVM.

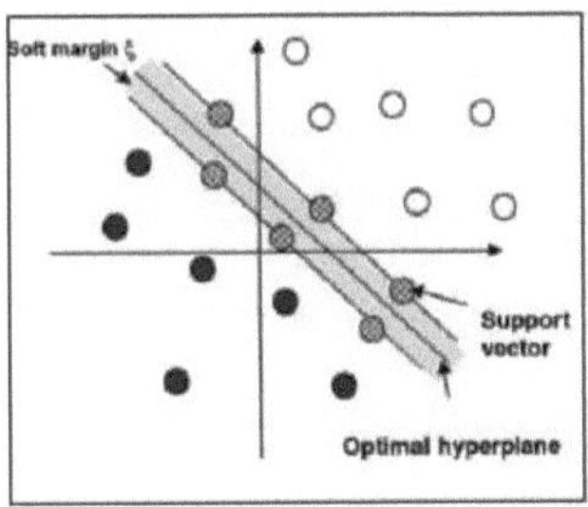

Fig.3.10 Hiperplano de separação ótimo utilizado pela SVM[22]

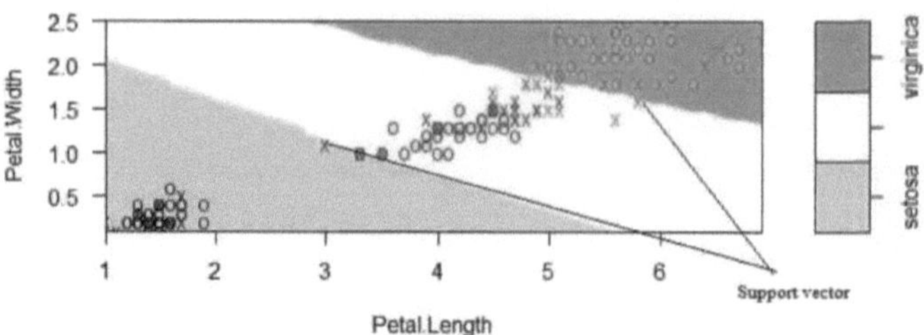

Fig.3.11. Gráfico SVM sobre o conjunto de dados -iris" utilizando o software R

Na Fig. 3.11, apresentamos o classificador SVM sobre o conjunto de dados "-iris" utilizando o software R, em que os pontos de dados na margem são designados por vectores de apoio. As duas classes são definidas por cores diferentes. No caso do SVM não linear, é possível criar limites de decisão não lineares, com um ligeiro aumento da complexidade do classificador, utilizando a **função** "kernel". Esta consiste em mapear implicitamente os dados para outro espaço, geralmente de dimensionalidade muito superior, utilizando uma **função de kernel K(x; y).** O algoritmo SVM utiliza um conjunto de funções matemáticas denominadas kernel. Estas funções matemáticas podem ser de diferentes tipos: linear, não linear, polinomial, função de base radial (RBF) e sigmoide. Os diferentes tipos de funções kernel são abordados de seguida.

> *Núcleo polinomial*

Este kernel é maioritariamente utilizado pela SVM. Os dados de entrada são transformados num plano de maior dimensão com base no grau do polinómio. O kernel polinomial é definido da seguinte forma.

$$k(\mathbf{x_i}, \mathbf{x_j}) = (\mathbf{x_i} \cdot \mathbf{x_j} + 1)^d \ldots\ldots\ldots(11)$$

Onde, K é a função kernel com o vetor x no espaço de entrada e d é o grau do polinómio.

> *Núcleo da função de base radial gaussiana (RBF)*

É um kernel de uso geral, utilizado quando não há conhecimento prévio dos dados. Este núcleo tem a forma de uma função de base radial (Gaussiana). O kernel RBF é definido como

$$k(\mathbf{x_i}, \mathbf{x_j}) = \exp(-\gamma\|\mathbf{x_i} - \mathbf{x_j}\|^2)\dots\dots(12) \quad \text{where,} \ \gamma>0$$

Por vezes, γ na função de kernel pode ser parametrizado utilizando $\gamma = 1/2\sigma^2$

O núcleo Gaussiano é utilizado para classificar o potencial evocado do sistema BCI baseado no P300.

> ***Núcleo RBF de Laplace***

Este núcleo baseia-se na base radial Laplaciana, que é utilizada quando não se tem conhecimento prévio dos dados de entrada. O núcleo RBF de Laplace é definido como,

$$k(x, y) = \exp\left(-\frac{\|x - y\|}{\sigma}\right)\dots\dots\dots(13)$$

> ***Núcleo sigmoide***

Este kernel é utilizado principalmente como um proxy das redes neuronais. Na rede neuronal, utilizando esta função, podemos calcular a saída da camada seguinte com base num valor limite. A função de kernel é definida como

$$k(x, y) = \tanh(\alpha x^T y + c)\dots\dots\dots(14)$$

Em que x,y são os vectores no espaço de entrada juntamente com c e α são os parâmetros da função kernel.

≥ ***ANOVA kernel de base radial***

Podemos utilizá-la em problemas de regressão. A função kernel pode ser definida como

$$k(x, y) = \sum_{k=1}^{n} \exp(-\sigma(x^k - y^k)^2)^d \dots\dots\dots\dots(15)$$

Onde d= grau do polinómio e σ é o parâmetro de regularização. O SVM tem várias vantagens devido à maximização da margem e ao termo de regularização. Por último, o SVM pode classificar dados num espaço linear e não linear (utilizando diferentes funções de kernel) e a execução da função de kernel é também muito reduzida, pelo que o SVM tem um bom desempenho num espaço de entrada de elevada dimensão.

3.4.4 *Classificador K-Nearest Neighbour (classificador KNN)*

O algoritmo kNN é um algoritmo não paramétrico que pode ser utilizado para classificação ou regressão. Não-paramétrico significa que não faz suposições sobre os dados subjacentes ou a sua distribuição. É um algoritmo de classificação muito simples, em que o espaço de entrada é dividido em diferentes regiões e a saída prevista do vetor de caraterísticas de entrada é um valor de saída médio de todos os K vizinhos dentro desse espaço de caraterísticas. Para o BCI, estes vizinhos mais próximos são normalmente obtidos utilizando uma distância métrica. A medida de distância pode ser a distância euclidiana, a semelhança de cosseno ou a distância de Manhattan. Com um valor suficientemente elevado de k e amostras de treino suficientes, o kNN pode aproximar-se de qualquer função, o que lhe permite produzir limites de decisão não lineares. Efectuamos a classificação kNN sobre o conjunto de dados **"Iris"** para diferentes números de vizinhos e o gráfico da classificação kNN sobre diferentes vizinhos é apresentado a seguir.

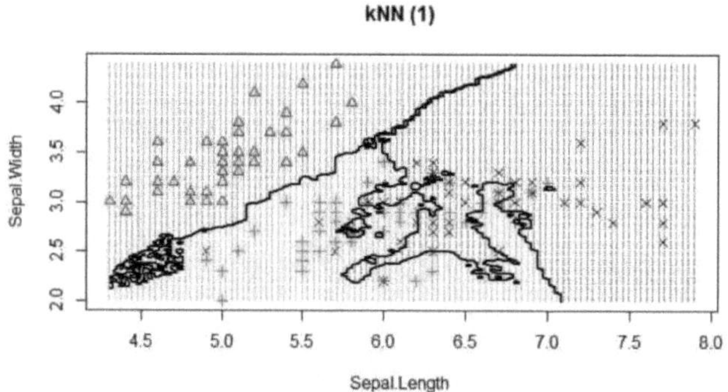

Fig.3.12. Classificação kNN sobre o conjunto de dados Iris quando os vizinhos (k)=1

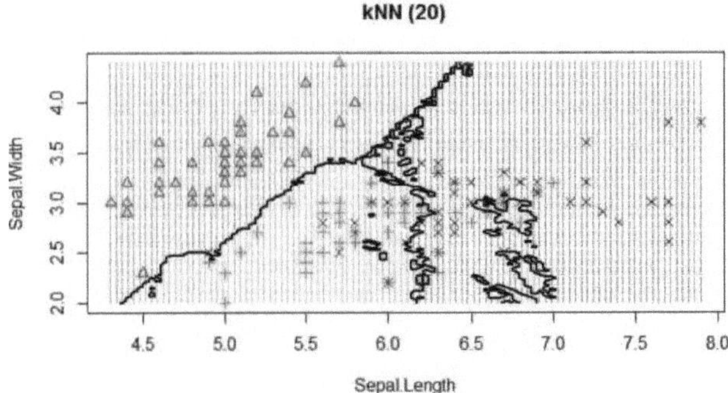

Fig.3.13. Classificação kNN sobre o conjunto de dados Iris quando os vizinhos (k)=20

Traçamos o gráfico do classificador kNN para diferentes valores de -K" utilizando o software -R", em que a função de gráfico de decisão é retirada de [21]. A partir das Fig. 3.12 e 3.13, podemos concluir que a fronteira de decisão se torna mais suave para um grande número de vizinhos. É possível que este classificador dê uma decisão errada se o único vizinho obtido for um outlier de outra classe de um espaço regional diferente. Para evitar este problema e melhorar a robustez da abordagem, o classificador KNN funciona com K padrões. Trata-se de uma abordagem paramétrica (com um parâmetro de entrada - K), em que o valor de K determina a relação entre a polarização e a variância e a complexidade do modelo para classificar os vectores de caraterísticas. Se o valor de K for pequeno, significa que o "número de vectores de caraterísticas é suficientemente pequeno", então o K-NN dá o melhor resultado com um enviesamento mínimo, mas dá um mau resultado se o número de vectores de caraterísticas tiver aumentado (grande valor de K). Este algoritmo também foi utilizado para classificar o stress mental crónico e determinar a precisão e a análise de sensibilidade. O algoritmo K-NN também foi utilizado para classificar as caraterísticas das imagens motoras da mão esquerda e da mão direita a partir de sinais EEG.

3.4.5 *Rede Neural Artificial (RNA)*

Este algoritmo segue o processamento do cérebro humano. O objetivo principal é imitar a atividade cerebral e mapear os sinais de entrada para os sinais de saída. O seu objetivo é simular o comportamento de sistemas biológicos compostos por neurónios".

A RNA é um modelo computacional inspirado no sistema nervoso central de um animal. As RNA são apresentadas como sistemas de "neurónios" interligados que podem calcular valores a partir de entradas. São muito utilizadas no reconhecimento de padrões, uma vez que esta abordagem aprende com os dados de treino. As RNA são compostas por três camadas (entrada, oculta, saída) e vários neurónios associados a cada camada. Um neurónio de cada camada está ligado a todos os neurónios da camada anterior. Foi utilizada uma função de limiar (Sigmoidal, tanh, etc.) para produzir a saída de cada camada. Se a saída for incorrecta, os pesos internos são modificados pelo algoritmo de treino até que a saída não atinja um estado estável. As redes neuronais não se aplicam apenas à classificação. Também se pode aplicar à regressão de atributos de objectivos contínuos. Uma rede neuronal pode conter as 3 camadas seguintes,

> *Camada de entrada* - A atividade das unidades de entrada representa a informação bruta que pode alimentar a rede.

> *Camada oculta* - Para determinar a atividade de cada unidade oculta. As actividades das unidades de entrada e os pesos nas ligações entre a entrada e as unidades ocultas. Pode haver uma ou mais camadas ocultas.

> *Camada de saída* - O comportamento das unidades de saída depende da atividade das unidades ocultas e dos pesos entre as unidades ocultas e de saída.

A arquitetura em camadas da RNA é apresentada na Fig.3.14. Onde, X_1 , X_2 . ,X_n são os pesos de entrada. W_{11} ,W_{12} ,...os pesos de entrada entre a camada de entrada e a camada oculta e v_{11} ,v_{12} são os pesos entre a camada oculta e a camada de saída e y_1 , y_2 são as saídas finais.

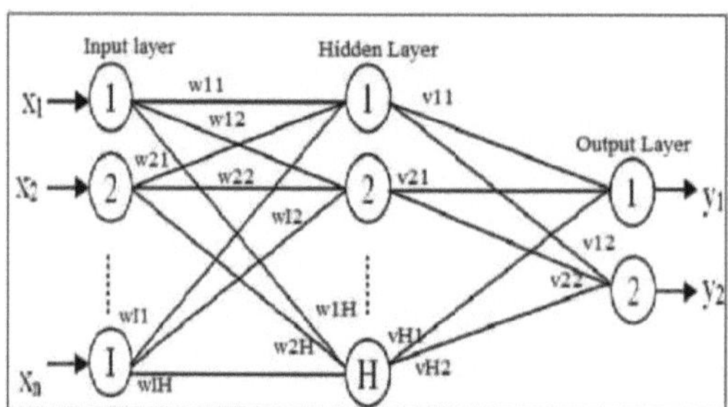

Fig.3.14. Arquitetura de camadas da RNA

O mecanismo de aprendizagem da RNA é designado por "retropropagação", em que os pesos da camada oculta são ajustados com base na saída da camada de saída utilizando a função de limiar e, em seguida, os pesos da camada de entrada são ajustados com base nos pesos modificados de cada nó da camada oculta. A arquitetura da RNA e o algoritmo de aprendizagem Backpropagation estão descritos na Fig.3.15.

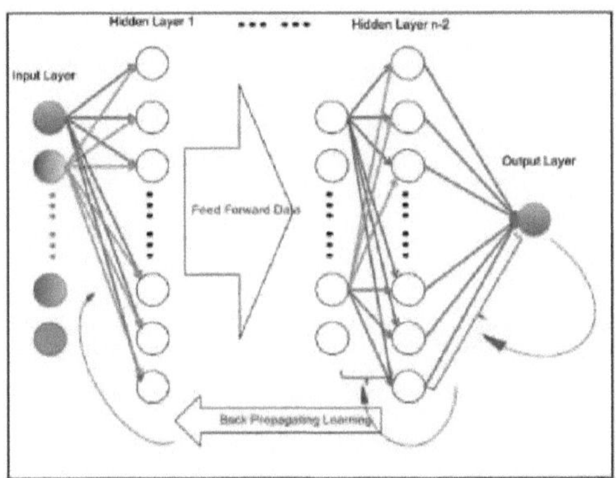

Fig.3.15. Algoritmo de aprendizagem (Back propagation) para ajustar os pesos [23]

A partir da Fig.3.15, podemos verificar que, para cada camada, a atribuição de pesos foi feita no sentido da frente, enquanto o ajuste dos pesos com base no valor de saída real foi feito no sentido da retaguarda. O classificador ANN tem um bom desempenho para dados lineares e não lineares e este modelo aprende com a experiência. Mas a arquitetura da RNA é bastante complexa e o tempo de processamento aumenta com o número de camadas ocultas.

1.1.6 Regressão logística

A regressão logística é um método estatístico para analisar um conjunto de dados em que há uma ou mais variáveis independentes que determinam um resultado. O resultado pode ser medido de duas formas possíveis. Na regressão logística, a variável dependente é binária ou booleana (1/0, VERDADEIRO/ FALSO, sucesso/fracasso, etc.). O objetivo da regressão logística é encontrar o modelo mais adequado (mas biologicamente razoável) para descrever a relação entre as variáveis dependentes/de saída e as variáveis independentes/de entrada. A regressão logística gera os coeficientes (e os seus erros padrão e níveis de significância) de uma fórmula para prever uma transformação logit da probabilidade de presença da caraterística de interesse,

$$logit(p) = b_0 + b_1 X_1 + b_2 X_2 + b_3 X_3 + \ldots + b_k X_k \quad \ldots\ldots\ldots\ldots(16)$$

Onde, p é a probabilidade da presença da caraterística nos dados de entrada. A transformação logit é definida como as probabilidades registadas: e b1,b2 ...,bk são os coeficientes das entradas e $X(X_1, X_2 \ldots X_k)$ é o vetor de entrada.

$$odds = \frac{p}{1-p} = \frac{probability\ of\ presence\ of\ characteristic}{probability\ of\ absence\ of\ characteristic} \quad \ldots\ldots\ldots(17)$$

O modelo logit utilizado na regressão logística é apresentado na Fig.3.16. O gráfico seguinte (Fig.3.16) mostra a diferença entre o modelo logit e um modelo probit para diferentes valores (-4,4). Ambos os modelos são normalmente utilizados na regressão logística e, na maioria dos casos, um modelo é ajustado com ambas as funções e é escolhida a função com o melhor ajuste. No entanto, o probit assume uma distribuição normal da probabilidade do acontecimento, enquanto o logit assume a distribuição logarítmica. Assim, a diferença entre logit e probit é normalmente observada em amostras pequenas.

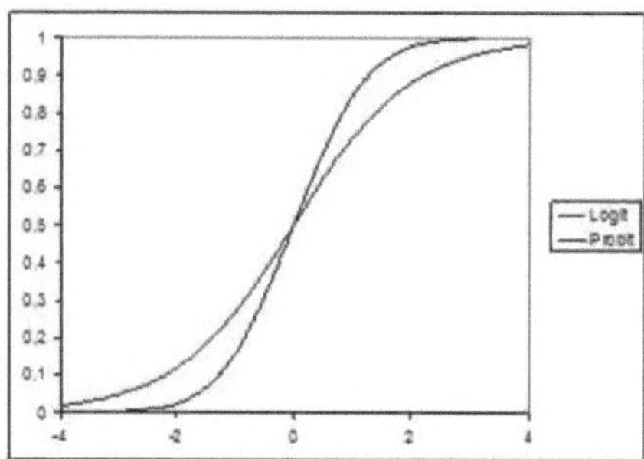

Fig.3.16. Curva logit vs probit na regressão logística[25]

Na Fig.3.17, mostrámos a regressão logística sobre o conjunto de dados -iris" utilizando o software -R", em que a função de gráfico de decisão é retirada de [21].

44

Aqui, a "espécie" é a classe de saída que denota o resultado binário e Sepal.Length e Sepal.Width são as variáveis de entrada (independentes).

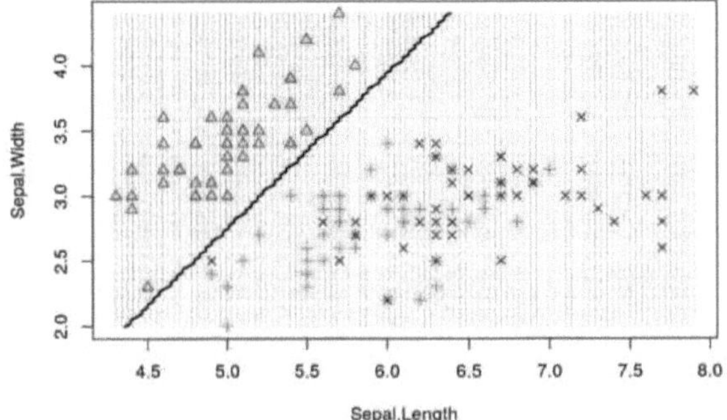

Fig.3.17 Regressão logística sobre o conjunto de dados da íris

A regressão logística sofre de sobreajuste dos dados. A adição de variáveis independentes a um modelo de regressão logística aumentará sempre a sua validade estatística porque explicará sempre um pouco mais a variância das probabilidades logarítmicas. No entanto, a adição de mais e mais variáveis ao modelo torna-o ineficiente e ocorre o sobreajuste.

1.1.7 *Análise Discriminante Quadrática (QDA)*

A QDA é semelhante à LDA, exceto que a matriz de covariância pode ser diferente para cada classe e, por isso, vamos estimar a matriz de covariância Σk separadamente para cada classe k, k =1, 2, ... , K. K. A função discriminante quadrática com k classes é definida a seguir.

$$\delta_k(x) = -\frac{1}{2}\log|\Sigma_k| - \frac{1}{2}(x - \mu_k)^T \Sigma_k^{-1}(x - \mu_k) + \log\pi_k$$

........(18)

Esta função discriminante é uma função quadrática e conterá termos de segunda ordem. Para a classificação, a QDA aplica a função discriminante quadrática aos dados de entrada para cada classe e atribui os dados de entrada à classe de saída (G) com o valor discriminante mais elevado. A regra de classificação é mencionada da seguinte forma

$$\hat{G}(x) = \arg \max_k \delta_k(x)$$

$$\ldots\ldots(19)$$

A regra de classificação é semelhante à da LDA: basta encontrar a classe k que maximiza as funções discriminantes quadráticas. Os limites de decisão são equações quadráticas em x. A QDA, porque permite uma maior flexibilidade para a matriz de covariância, tende a ajustar-se melhor aos dados do que a LDA, mas tem mais parâmetros para estimar. O número de parâmetros aumenta significativamente com o QDA. É necessária uma matriz de covariância separada para cada classe. Assim, para um grande número de classes de saída, a complexidade de lidar com muitas matrizes de covariância é problemática. Este método também é útil na classificação do movimento dos membros esquerdo e direito a partir do sinal EEG[12]. Este documento [12] também implementa que o QDA dá mais precisão para encontrar os coeficientes wavelet do que outros classificadores (LDA e KNN). Na Fig.3.18, classificámos os pontos de dados em duas classes diferentes (comprimento das pétalas e comprimento das sépalas) utilizando o QDA. As duas classes são separadas em cores diferentes (rosa e verde) e as diferentes curvas QDA baseadas nos pontos de dados e respectivas taxas de erro são apresentadas na figura. A partir dessa figura, podemos concluir que a última partição tem a taxa de erro aproximada mais baixa = 0,02, pelo que a QDA classifica melhor essa partição.

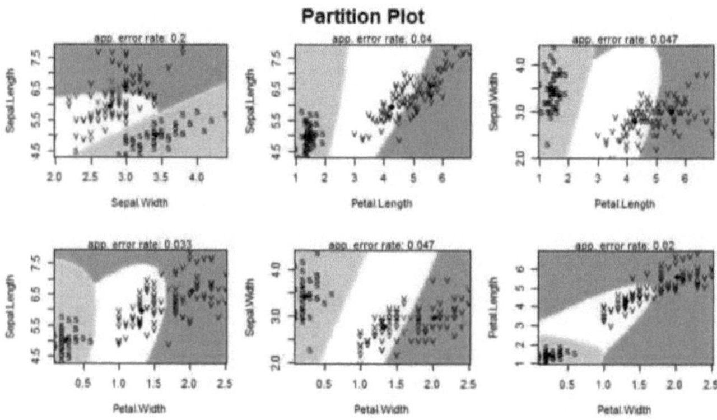

Fig. 3.18 Classificação QDA (gráfico de partição) sobre o conjunto de dados da íris

1.1.8*Modelo de Markov Oculto (HMM)*

O modelo de Markov oculto (HMM) é um classificador dinâmico muito utilizado no domínio do reconhecimento da fala. Este modelo assemelha-se a um diagrama de transição de estados em que cada estado representa uma probabilidade e o estado final representa o vetor de saída. O estado atual depende apenas do valor do estado anterior e é independente dos outros estados (propriedade de Markov). O modelo representa um "diagrama sequencial" em que a sequência de caraterísticas $(x_1,x_2,...x_{n-1},x_n)$ é designada por "cadeia de Markov". Cada estado do autómato está associado à probabilidade de observar um determinado vetor de caraterísticas. No caso do BCI, esta probabilidade é habitualmente representada por Modelos de Mistura Gaussiana (GMM). O HMM tem várias utilizações nas aplicações BCI, entre as quais o movimento imagético motor esquerdo/direito é muito utilizado. O modelo de transição de estados do movimento imagético motor é apresentado na Fig.3.19.

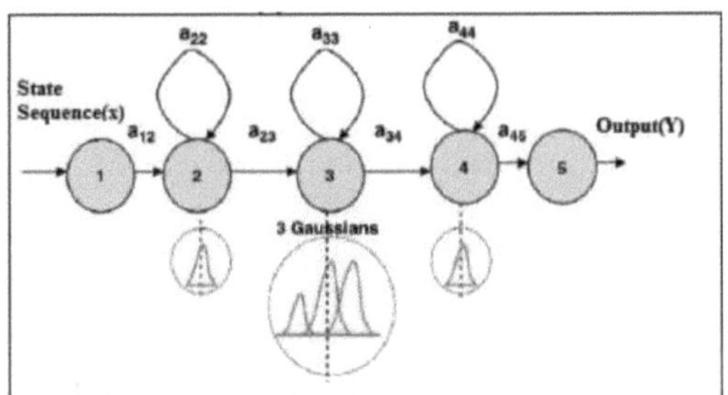

Fig.3.19 Modelo de transição de estados do HMM para movimentos de imagiologia motora

O modelo HMM utiliza 5 estados que são concebidos como um modelo da esquerda para a direita, sendo permitida a transição de um estado para si próprio ou para qualquer estado vizinho à direita. Os estados 1 e 5 não estão relacionados com quaisquer observações, uma vez que são os estados inicial e final. Os estados 2 e 4 são modelados com uma única Gaussiana, enquanto o estado 3 está relacionado com 3 componentes Gaussianas. A transição a_{12} representa o caminho entre o estado 1 e o estado 2 e a_{22} representa o auto-loop no estado 2. A probabilidade de transição entre dois estados é definida através da "matriz de transição (T)". A Fig.3.20 apresenta um exemplo de matriz de transição com 3 estados.

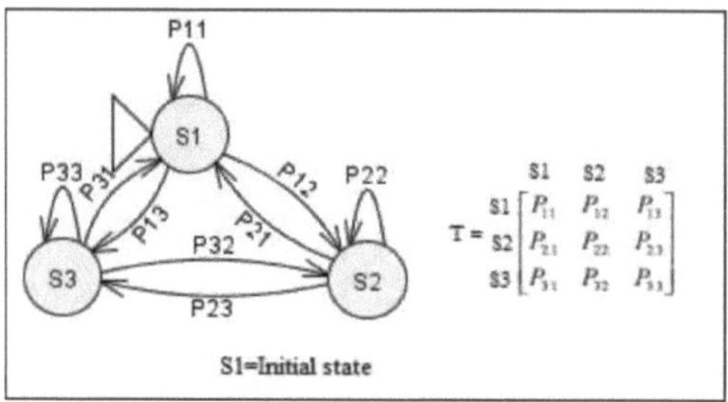

Fig.3.20: Diagrama de transição do HMM e matriz de transição correspondente

A partir da Fig.3.18, podemos verificar que S1 é o estado inicial e P11 é a probabilidade de transição no próprio estado 1 e P12 é a probabilidade de transição do estado 1 para o estado 2, a outra probabilidade também se define da mesma forma.

1.1.9 Classificador de árvore de decisão

A árvore de decisão é um classificador muito popular e poderoso para previsão e classificação. Este classificador lida com algumas regras de classificação que são muito simples de compreender. Por vezes, este método proporciona uma maior precisão do que outros modelos de classificação. Uma árvore de decisão é criada em duas fases:

Fase de construção da árvore

Particionar repetidamente os dados de treino até que todos os dados de entrada em cada partição pertençam a uma classe ou a partição seja suficientemente pequena.

Etapas da fase de construção da árvore:

Partição (Dados S)

Começar

Se (todos os pontos em S são da mesma classe), então devolver;

para cada atributo A do

Avaliar as divisões no atributo A;

Utilizar a melhor divisão para particionar S em S1 e S2;

Partição(S1);

Partição(S2);

Fim

Fase de poda das árvores

> *Remover a dependência dos dados de treino ou eliminar o ruído dos dados de treino*

Etapas da fase de poda das árvores

Examinar a árvore inicial que foi construída na última fase

> *Selecionar a sub-árvore com a menor taxa de erro estimada (utilizando a entropia).*

Duas abordagens para a estimativa de erros:

> *Utilizar o conjunto de dados de treino original (por exemplo, validação cruzada).*

> *Utilizar um conjunto de dados independente.*

A forma da divisão depende do tipo de atributo. Utilizamos o índice de divisão para a divisão dos atributos. Os índices de divisão mais populares são o índice de Entropia e o índice de Gini. Antes de efetuar a divisão, é necessário calcular o índice de divisão (índice de Entropia/Gini) para cada atributo e proceder à divisão do atributo com o valor de índice mais elevado. A equação da entropia e do índice de Gini é apresentada a seguir.

> **Entropia** *(uma forma de medir a impureza):*

$$Entropy = -\sum_{j} p_j \log_2 p_j$$

...........(20)

> **Índice de Gini** *(um critério para minimizar a probabilidade de classificação incorrecta):*

$$Gini = 1 - \sum_{j} p_j^2$$

... ... (21)

Na Fig.3.21, mostrámos o modelo de árvore de decisão sobre o conjunto de dados - iris" utilizando o software -R", em que a função de gráfico de decisão é retirada de [21]. A partir da figura, podemos verificar que a árvore de decisão dividiu todo o espaço de entrada em três regiões: vermelho, verde e azul. Os dados da amostra são classificados nessas três regiões com base nos atributos Sepal.width e Sepal.length.

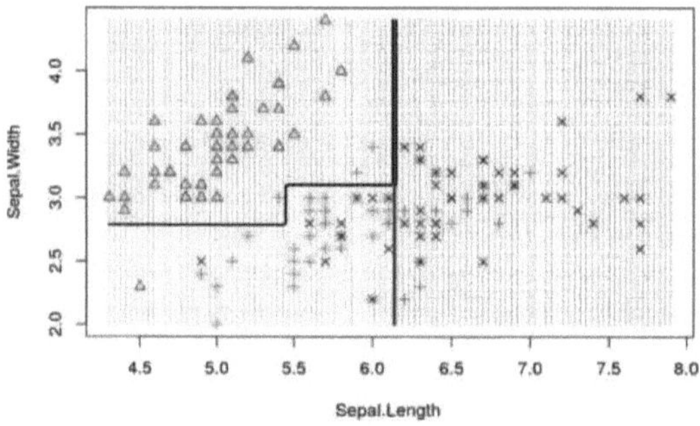

Fig.3.21 Classificador de árvore de decisão sobre o conjunto de dados da íris.

1.1.10 *Combinação de classificadores: Métodos de conjunto*

Os métodos de conjunto são úteis para melhorar o desempenho de um classificador fraco. Os métodos de conjunto funcionam significativamente melhor quando a dimensão das caraterísticas é muito grande em comparação com o número de observações. O objetivo deste método é reduzir a variância. Os métodos de conjunto também resolvem o problema do desequilíbrio das classes. Este método também reduz o erro de classificação e aumenta a exatidão do sinal EEG com base no ERS/ERD[13]. Os métodos Ensemble consistem em três técnicas - Bagging, Boosting e Random Subspace. As três classes baseiam-se na árvore de decisão.

1.1.10.1 *Ensacamento*

Bagging é o acrónimo de "Bootstrap Aggregating". Tal como o Bootstrapping, divide o total de "n" pontos de amostragem em muitas subpartes. De cada vez, seleciona "n" amostras aleatórias com substituição do conjunto de treino original (n pontos) e executa o classificador nesse conjunto aleatório. Este processo continua para cada subconjunto de "n" observações e toma a média de cada conjunto ensacado como resultado previsto.

A utilização da média de todos os conjuntos ensacados reduz significativamente a variância e aumenta a exatidão da previsão. O ensacamento reduziu a variância dos métodos instáveis, enquanto os métodos de reforço (AdaBoost) reduziram tanto o enviesamento como a variância dos métodos instáveis [14].

1.1.9.1 *Impulsionamento*

Enquanto o Bagging é o processo de computação paralela, o Boosting é o processo sequencial. No Boosting, inicialmente foi atribuído o mesmo peso a cada classificador, mas durante o processo de boosting, os pesos do classificador mudam. Cada classificador (n^{th} stage) recebe um erro do classificador anterior ($n-1^{th}$ stage) e tenta reduzir esse erro ajustando o peso. Para as amostras mal classificadas, os pesos são aumentados, enquanto para as amostras corretamente classificadas os pesos são diminuídos. O processo de reforço mais conhecido é o reforço adaptativo (AdaBoost). O AdaBoost utiliza a árvore de decisão como classificador de base, mas também funciona bem com redes neuronais. O AdaBoost sofre de sobreajustamento se houver uma grande combinação de classificadores e, consequentemente, o seu desempenho degrada-se na presença de ruído nos vectores de caraterísticas [15].

1.1.9.2 *Floresta aleatória*

O classificador de floresta aleatória cria um conjunto de árvores de decisão a partir de um subconjunto selecionado aleatoriamente do conjunto de treino. Cada árvore é obtida através de amostras bootstrap separadas (escolhidas aleatoriamente) do conjunto de dados original e cada árvore classifica esses dados. Em seguida, agrega os votos das diferentes árvores de decisão para decidir a classe final do objeto de teste. Na Fig.3.22, mostrámos o processo de classificação da floresta aleatória. Inicialmente, os dados de entrada foram divididos em três amostras escolhidas aleatoriamente. Em seguida, aplicamos a árvore de decisão a cada uma dessas amostras e, depois, agregamos os resultados da classificação obtidos por cada classificador e seleccionamos o mais elevado como resultado final.

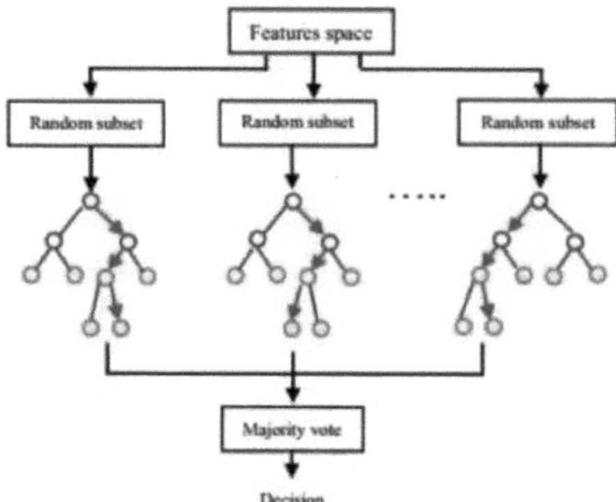

Fig.3.22 Classificador de floresta aleatória [24]

1.1.9.3 *Votação*

Ao utilizar a votação, estão a ser utilizados vários classificadores, cada um deles atribuindo o vetor de caraterísticas de entrada a uma classe. A classe final será a da maioria. A votação é a forma mais popular de combinar classificadores na investigação em BCI, provavelmente porque é simples e eficiente.

1.1.9.4 *Empilhamento*

O empilhamento consiste na utilização de vários classificadores, cada um deles classificando o vetor de caraterísticas de entrada. Estes classificadores são designados por classificadores de nível 0. A saída de cada um destes classificadores é então dada como entrada a um chamado meta-classificador (ou classificador de nível 1) que toma a decisão final.

1.1.11 Métodos avançados de classificação de caraterísticas

1.1.11.1 *Sistema de lógica difusa de tipo 2 com intervalo (IT2FLS)*

Devido às caraterísticas ruidosas e não lineares do sinal EEG, Thanh Nguyen (autor do IT2FLS) implementou a lógica difusa para classificar corretamente o sinal. O sinal de imagiologia motora foi classificado utilizando o IT2FLS com a ajuda dos coeficientes de wavelet. Os coeficientes wavelet são classificados com base na curva ROC. Um sistema de lógica difusa (FLS) é designado por FLS de tipo 1 se descrever completamente a partir de conjuntos difusos, mas o FLS de tipo 2 tem um maior grau de liberdade, pelo que o tipo 2 é melhor do que o tipo 1 em FLS. Mas o custo de computação do tipo2 é superior ao do tipo1. O método ROC separa as amostras de dados de acordo com as etiquetas das classes e seleciona as caraterísticas da respectiva classe. A precisão da classificação do classificador IT2FLS é melhor do que a do algoritmo SVM, ANN, KNN e Boosting [16].

1.1.11.2 *Seleção de caraterísticas baseada na taxonomia de clusters de caraterísticas (FCTFS)*

Este método é adequado para selecionar caraterísticas adequadas de diferentes grupos para criar um subconjunto de classificação mais suave. Na primeira fase, a caraterística é agrupada num cluster diferente com base nas caraterísticas intrínsecas das caraterísticas. Na fase seguinte, a caraterística importante e útil de cada grupo foi selecionada para formar o subconjunto final. No final do processo, esta abordagem fornece o subconjunto ótimo de grupos de caraterísticas. Esta abordagem em duas fases reduz o custo computacional da seleção de subconjuntos a partir de um grande conjunto de dados [17].

3.5 Interface de aplicação

Esta é a última secção do sistema BCI. Uma vez terminado o processo de classificação, o resultado do processo de classificação é transferido para a interface da aplicação. Nesta secção, o software de aplicação descodifica o resultado da classificação e interpreta-o de acordo com as aplicações BCI. O software utiliza um programa de tradução através do qual o resultado da classificação é convertido em comandos adequados que são reconhecíveis pelas pessoas. Uma vez efectuada a tradução, as aplicações BCI (dispositivo ortográfico, P300, cadeira de rodas, controlador de braço robótico, etc.) recebem o comando e transferem-no para a pessoa, para que esta possa visualizar o feedback do seu sinal cerebral. O rendimento ou a precisão da interface de aplicação ou do sistema BCI depende essencialmente da seleção do classificador e do seu desempenho, uma vez que, com base no resultado da classificação, o programa de tradução prepara os comandos de saída. Assim, quanto maior for a precisão da classificação, melhor será o sistema BCI.

3.6 Resumo

Neste capítulo, discutimos as diferentes fases do sistema BCI: Aquisição de sinais, processamento, extração/classificação de caraterísticas e interface de aplicação. Discutimos de forma elaborada diferentes técnicas de extração de caraterísticas com as suas propriedades importantes num formato tabular. Discutimos todas as categorias possíveis de classificadores: Classificadores generativos (classificador bayesiano), lineares (LDA, SVM), não lineares (ANN, k-NN, QDA) e gráficos (HMM). Implementámos o nosso modelo de classificação em alguns conjuntos de dados de aprendizagem automática conhecidos e apresentámos os resultados. Juntamente com os classificadores básicos, também discutimos classificadores de conjuntos (Bagging, Boosting, Random forest) e alguns classificadores avançados. Por fim, discutimos a interface de aplicação do sistema BCI, que utiliza um programa de tradução baseado em diferentes aplicações BCI.

Capítulo 4

Trabalhos anteriores sobre BCI

A interface cérebro-computador é um tema de estudo cujo objetivo fundamental é ajudar os seres humanos com deficiência a comunicar com o mundo exterior utilizando sinais cerebrais. Existem vários tipos de processamento de sinais cerebrais na tecnologia BCI. Mas neste livro, centramo-nos principalmente na investigação de BCI baseada na eletroencefalografia (EEG). Em particular, nos últimos anos, tem-se registado uma grande quantidade de investigação neste domínio [38].

Os métodos de aprendizagem automática são uma excelente opção para compensar a elevada variabilidade do EEG quando se analisam dados de um único ensaio em tempo real [39]. Utilizando vários algoritmos de aprendizagem automática, poderemos pré-processar dados de BCIs baseados em EEG de elevada dimensão e isso também nos ajuda a realizar aplicações de monitorização do estado mental. Uma vez que os dados cerebrais baseados em EEG são não-estacionários, colocam muitos desafios aos analistas de dados com caraterísticas variáveis de análise de cada sujeito. Assim, o tratamento destes dados de elevada dimensão é uma tarefa difícil e morosa em tempo real. Esta tarefa pode ser realizada utilizando várias estratégias de aprendizagem automática. No artigo [39], são utilizadas técnicas de análise discriminante linear (LDA) e de filtragem espacial para pré-processar e extrair caraterísticas significativas de dados EEG brutos. Este trabalho baseia-se totalmente nos sujeitos a quem é pedido que realizem tarefas mentais individuais mas fixas, por exemplo, imagens motoras da mão esquerda e da mão direita. Após a recolha de um número adequado de ensaios, a abordagem de aprendizagem automática permite aprender o complexo mapeamento desconhecido da entrada para a saída, inferindo os padrões EEG típicos das tarefas de imagiologia motora esquerda e direita de um determinado sujeito. No entanto, é aqui utilizado um algoritmo de padrão espacial comum (CSP) para determinar filtros espácio-temporais para um sistema BCI. O objetivo da técnica CSP é encontrar filtros espaciais que maximizem a variância dos sinais de uma condição e, ao mesmo tempo, minimizem a variância dos sinais de outra condição.

As pessoas com deficiência não são capazes de comunicar fisicamente com o mundo exterior ou com a máquina. Por isso, os sinais cerebrais dessas pessoas são recolhidos e analisados de forma a que possam comunicar corretamente com a máquina, utilizando técnicas de interface cérebro-computador. Foram apresentados vários trabalhos que mostram como uma pessoa com deficiência física pode controlar um cursor num ecrã de monitor 2D. O movimento do cursor consiste em duas tarefas: a primeira é mover o cursor horizontal ou verticalmente e a segunda é selecionar um alvo de interesse clicando nele ou rejeitar um alvo que não é de interesse não clicando nele [41]. Neste trabalho [41], uma caraterística híbrida da imagética motora e do potencial P300 é utilizada para controlar os movimentos horizontais e verticais do cursor, respetivamente. Finalmente, a técnica de classificação SVM (Support vetor machine) é utilizada nas caraterísticas híbridas para a seleção ou rejeição de alvos apropriados. Neste trabalho, o estado de inatividade do imaginário motor com P300 é utilizado para selecionar um alvo de interesse e, por outro lado, um imaginário motor sem P300 é utilizado para rejeitar um alvo que não é de interesse. No artigo [42], um método de classificação rápido e preciso baseado numa estrutura de árvore de decisão é utilizado para classificar dados EEG de imagens para o movimento do cursor para cima/baixo/direita/esquerda. Neste trabalho, são utilizados alguns métodos populares de extração de caraterísticas (transformada wavelet contínua, modelo auto-regressivo, derivada média e skewness) para representar os sinais de teste. Em seguida, os classificadores K-NN, LDA e SVM são selecionados para classificar esses ensaios EEG. Finalmente, a estrutura da árvore de decisão é aplicada aos dados de treino e gera automaticamente DTS para cada novo sujeito, determinando o conjunto de caraterísticas e o classificador mais adequados para cada nó. Além disso, é possível continuar a desenvolver este procedimento de classificação de caraterísticas, substituindo um nó existente por um novo, sem quebrar todo o DTS. Este artigo também prova que os classificadores SVM têm um desempenho superior ao dos classificadores KNN ou LDA em ensaios EEG. No artigo [43], é descrito o primeiro trabalho sobre os movimentos do cursor de múltiplos alvos num ecrã de computador. Mostra como um utilizador usa o EEG para mover um cursor do centro do ecrã para o alvo correto e depois usa uma caraterística EEG adicional para selecionar o alvo. Este estudo mostra as possíveis aplicações da tecnologia BCI não invasiva para incluir o controlo de movimentos multidimensionais e a seleção sequencial de alvos. Para além destes controlos de cursor 2D, um trabalho [44] mostra que uma série de sessões de treino pode ser aprendida pelos seres humanos a utilizar o EEG para controlo tridimensional (movimento 3D). Um trabalho sobre o controlo de um cursor de movimento rápido em BCI usando um modo multithreaded é apresentado no artigo [46]. Neste trabalho, é utilizado um algoritmo baseado na técnica Greedy, que retira da fila de espera a amplitude óptima para atingir o objetivo em cada momento. O algoritmo verifica sempre a diferença entre os valores do cursor e do objetivo.

Foram efectuados vários trabalhos sobre o reconhecimento de emoções através da análise de sinais cerebrais. Neste capítulo, vamos discutir alguns deles. No artigo [45], o reconhecimento de emoções humanas com base em canais EEG é resumido utilizando a transformada wavelet discreta (DWT). Os dados brutos do EEG são primeiro pré-processados utilizando o método de filtragem Laplaciana e divididos em três bandas de frequência diferentes (alfa, beta e gama) utilizando a DWT. Utilizam a função wavelet "db4" para extrair caraterísticas convencionais e modificadas baseadas na energia dos sinais EEG e, em seguida, os classificadores K-NN e LDA são utilizados para a classificação dos estados emocionais. As pistas emocionais são recolhidas utilizando um protocolo de estímulos audiovisuais. Um famoso modelo bidimensional de emoção é descrito por Davidson et al. [47]. De acordo com este modelo, as emoções são organizadas pela sua posição no espaço bidimensional, que é abrangido por dois eixos de valência no eixo horizontal e excitação no eixo vertical. A valência representa a qualidade de uma emoção que vai do desagradável ao agradável. A excitação refere-se ao nível quantitativo de ativação, que vai da calma à excitação. Os diferentes rótulos emocionais podem ser representados em várias posições num plano 2D abrangido por estes dois eixos.

Uma nova técnica eficiente e eficaz de monitorização e classificação do estado de emoção é proposta no capítulo 5 deste livro, juntamente com a forma como uma pessoa com deficiência pode controlar o movimento do cursor no espaço 2D, também apresentada no mesmo capítulo.

Resumo

Neste capítulo, o nosso principal objetivo é apresentar uma breve descrição dos trabalhos anteriores através de um resumo das tendências de investigação recentes em BCIs baseadas em EEG, em que as técnicas de aprendizagem automática desempenham um papel muito importante.

Capítulo 5

Movimento do cursor e classificação do estado emocional em BCI

5.1 Visão geral

O BCI é uma área de investigação em expansão no domínio da neurociência e da aprendizagem automática. Há muito tempo que muitos investigadores trabalham nesta área. Existem muitos tópicos de investigação em BCI. Alguns dos tópicos de investigação baseiam-se na construção de um novo modelo de classificação para classificar corretamente os sinais de entrada, enquanto alguns dos artigos estão relacionados com aplicações de BCI, como o controlo de cadeiras de rodas, a robótica, o sistema de soletrar P300, etc. Alguns dos artigos tratam da emoção humana. O principal objetivo de todos os tópicos de investigação é aumentar a potência do sistema BCI. A BCI é sobretudo útil para pessoas paralisadas ou com doenças neuromusculares. Consideramos aqui alguns dos tópicos de investigação muito interessantes e úteis para as pessoas com paralisia. Neste capítulo, descrevemos como o pensamento mental de uma pessoa pode ser visualizado como um cursor e, em seguida, o movimento desse cursor em direção a um ou vários alvos (colocados no ecrã do computador). Também descrevemos aqui os diferentes estados emocionais das pessoas com base no sinal EEG. Depois de terminada a classificação dos diferentes estados emocionais, criamos também um modelo de transição de estados emocionais para verificar a transição das diferentes emoções de uma pessoa após um determinado período de tempo.

5.2 *Movimento do cursor para um sistema BCI de alvo único*

No sistema BCI, o sinal cerebral foi captado a partir de diferentes canais do elétrodo EEG, que é depois transferido para dispositivos externos através de diferentes secções (aquisição de sinal, processamento de sinal, extração e classificação de caraterísticas e interface de aplicação) e, finalmente, a interface de aplicação converteu o sinal cerebral em atividade mental depois de controlar os ritmos α e β do sinal cerebral, de modo a que as pessoas possam interpretar as alterações na atividade mental como o movimento do cursor para o alvo fixo. Inicialmente, foi definido um alvo no ecrã do computador e, depois de o pensamento mental do ser humano ter sido transferido para o cursor, este pode visualizar como o seu processo de pensamento chega ao alvo utilizando o movimento do cursor. A visualização do movimento do cursor para o alvo fixo é descrita na Fig.5.1.

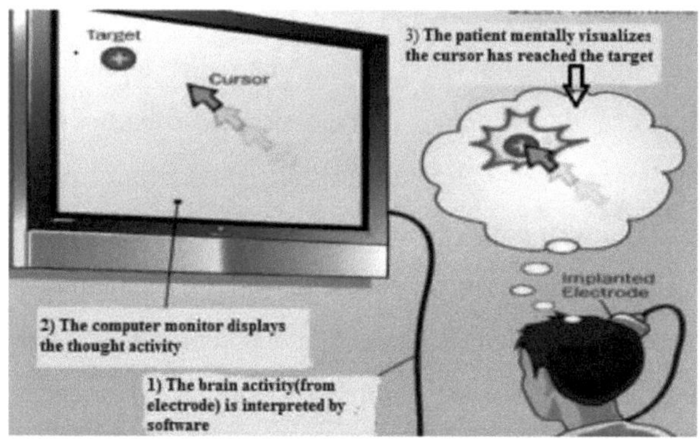

Fig.5.1 Visualização do movimento do cursor para um alvo fixo em BCI [30]

A partir da Fig.5.1, podemos verificar que o sinal EEG é interpretado como atividade cerebral utilizando um software de aplicação na etapa 1. Na etapa 2, um monitor de computador apresenta o processo de pensamento mental da atividade cerebral como um cursor e, finalmente, na etapa 3, quando um cursor atinge o alvo, o doente visualiza que o seu processo de pensamento atinge o objeto/alvo desejado no ecrã do computador. Por isso, é desejável que o movimento do cursor seja rápido para melhorar o tempo de resposta do doente. No nosso artigo [18], propusemos um algoritmo multithreaded eficiente para o movimento do cursor. Propusemos um novo algoritmo -Find target" (encontrar o alvo) que recebe três entradas do utilizador (localização do cursor, alvo no espaço de entrada n-dimensional e o valor da amplitude do couro cabeludo). O algoritmo utiliza uma fila de prioridade máxima para armazenar os valores de amplitude em diferentes instâncias de tempo.) A fila de prioridade máxima armazena os valores de amplitude por ordem decrescente. Depois de terminada a organização da fase de entrada, verificamos a diferença inicial entre o cursor e o alvo e, se a diferença for diferente de zero, extraímos a amplitude máxima da fila e adicionamos o valor da amplitude à posição do cursor para reiniciar o cursor e definimos um sinalizador após a modificação. Na próxima vez, verificamos de novo a diferença entre a nova posição do cursor e o alvo fixo e, se a diferença for inferior à amplitude máxima, procuramos a amplitude adequada na fila e adicionamos esse valor de amplitude ao cursor. Utilizamos três "loops for paralelos" diferentes para encontrar a amplitude adequada a partir da fila de prioridades. Todos os três "for loop" paralelos são executados em simultâneo em três linhas diferentes, pelo que o tempo de execução do algoritmo será menor. Verificamos a diferença iterativamente entre o cursor e o alvo até que a diferença seja zero. Quando a diferença é zero, o cursor atinge o alvo fixo e o doente visualiza no ecrã do computador que o seu pensamento mental atingiu o alvo. O tempo de execução e o tempo de resposta deste algoritmo são menores para o ciclo "for" em paralelo. A complexidade temporal e espacial do algoritmo proposto -Find **target**"[18] é de ordem polinomial, pelo que o custo computacional será minimizado e as pessoas paralisadas podem comunicar eficazmente com a interface do computador, de modo a poderem responder ao mundo exterior num tempo mínimo. Várias aplicações (controlador de cadeira de rodas, controlador de robot, etc.) no sistema BCI lidam com o movimento do cursor, pelo que se o movimento do cursor puder ser feito rapidamente, isso será benéfico tanto para a utilização do sistema informático como para o sistema BCI num futuro próximo.

5.3 . *Movimento do cursor para o sistema BCI multi-alvo*

Na secção 5.2, aprendemos como um cursor se move para um único alvo de forma eficiente. Agora, por vezes, existem vários alvos no ecrã do computador e o doente fica confuso ao escolher o alvo adequado. Por vezes, o doente escolhe o alvo errado, pelo que o cursor demora muito tempo a chegar ao alvo. Pode acontecer que a distribuição dos alvos não seja equitativa (alguns alvos estão muito próximos e os restantes estão dispersos) e, nesse caso, o tempo de deslocação do cursor aumenta significativamente. Tendo em conta estes desafios, propusemos uma nova técnica - movimento do cursor baseado em múltiplos alvos utilizando uma abordagem de aprendizagem não supervisionada". Como a posição do alvo é definida aleatoriamente no ecrã do computador e não temos qualquer conhecimento prévio sobre a distribuição dos alvos, utilizamos uma abordagem de aprendizagem não supervisionada. Neste caso, os alvos são agrupados em diferentes grupos utilizando três algoritmos de agrupamento bem conhecidos (distância mínima, DB-scan, modelo de mistura gaussiana) e, em seguida, para cada grupo, é executado o algoritmo -FindTarget"[19]. Com a ajuda dos métodos de agrupamento, o cursor escolhe o alvo mais próximo dentro do agrupamento e desloca-se para esse alvo utilizando o algoritmo -FindTarget". Quando o cursor atinge o alvo mais próximo, esse alvo desaparece e o cursor desloca-se para o alvo seguinte dentro desse agrupamento. Continuando este processo, quando todos os alvos tiverem desaparecido, o próprio agregado desaparece. Quando todo o grupo desaparece, surge um novo conjunto de alvos no ecrã do computador. Na fig. 5.2, ilustramos o movimento do cursor num BCI baseado em vários alvos (utilizando três métodos de agrupamento) para o conjunto de dados "Qualidade do vinho". Implementámos o algoritmo -FindTarget" em diferentes clusters utilizando o software -R". No conjunto de dados, escolhemos o álcool como alvo e a qualidade como valor do cursor.

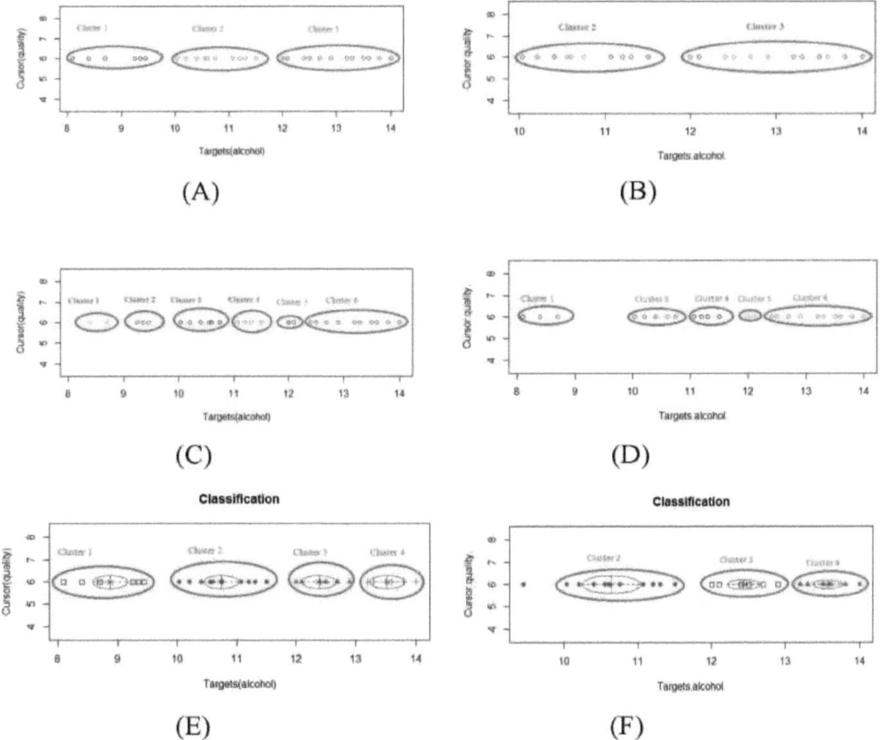

Fig.5.2: Movimento do cursor (Cluster 1 para distância mínima e GMM, enquanto Cluster 2 para DB-scan) em BCI baseado em múltiplos alvos utilizando três métodos de agrupamento diferentes para o conjunto de dados "Qualidade do vinho". (A-B): Agrupamento inicial e final utilizando o algoritmo de agrupamento de distância mínima.(C-D): Agrupamento inicial e final utilizando o algoritmo de agrupamento DB-scan.(E-F): Agrupamento inicial e final utilizando o algoritmo de agrupamento GMM.

Cada método de agrupamento seleciona um parâmetro de entrada diferente (número de centros e iterações no algoritmo baseado na distância mínima / raio (epsilon) e número de pontos mínimos no algoritmo DB-scan / número diferente de componentes Gaussianos no algoritmo de agrupamento GMM) para iniciar o processo de implementação. A partir da fig. 5.2, podemos verificar que o cursor move o alvo mais próximo no cluster 3 iterativamente até atingir todos os alvos. Quando o cursor atinge todos os alvos, todo o agrupamento desaparece

(5.2:B) para o agrupamento baseado na distância mínima. Todo o processo de agrupamento completa o mesmo processo (5.2:D,5.2:F) como o método de agrupamento baseado na distância mínima.

Análise de diferentes métodos de agrupamento:

Até agora, compreendemos o movimento do cursor no sistema BCI baseado em múltiplos alvos utilizando diferentes algoritmos de agrupamento, mas como podemos identificar qual é o melhor algoritmo de agrupamento na vida real. Para esse efeito, é necessário analisar os métodos de agrupamento com base no índice de validação. A seleção da técnica de agrupamento depende exclusivamente dos índices de validação internos/externos. Neste caso, consideramos alguns dos índices de validação do agrupamento que definem o desempenho de diferentes métodos de agrupamento.

Índice interno: Coesão e Separação

Coesão: Define a proximidade entre os pontos de dados dentro de um cluster. Se a coesão for superior, os pontos de dados estão fortemente acoplados. Por isso, é desejável que a coesão seja maior para um melhor agrupamento.

Separação: Define a distância entre dois clusters. Para um melhor agrupamento, o valor de separação deve ser maior, para que os pontos de dados em diferentes clusters fiquem bem separados uns dos outros.

Na Fig.5.3, analisámos o desempenho de três algoritmos de agrupamento (distância mínima, DB-scan, GMM) com base na coesão e na separação.

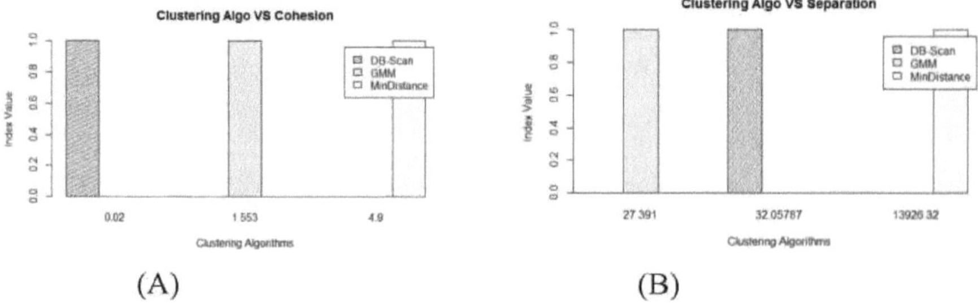

Fig.5.3: Conjunto de dados sobre a qualidade do vinho: (A)-Comparação entre três métodos de agrupamento baseados na "coesão", (B)-Comparação entre três métodos

64

de agrupamento baseados na "separação".

A partir da fig.5.3(A,B) podemos verificar que o DB-Scan tem o valor de coesão mais baixo mas um valor de separação moderado, mas o método da distância mínima tem um valor de coesão ligeiramente superior ao DB-Scan mas tem um valor de separação superior ao do DB-scan. O GMM tem o pior desempenho, uma vez que tem um valor de coesão e de separação mais elevado. Assim, considerando três algoritmos de agrupamento, podemos concluir que o algoritmo de agrupamento baseado na distância mínima tem o melhor desempenho em comparação com os outros algoritmos.

Índice externo: Índice Rand e Índice Jaccard

Índice Rand: Esta indexação baseia-se na semelhança entre dois clusters. Define a exatidão do agrupamento. O índice Rand deve ser mais elevado para um melhor agrupamento.

Índice de Jaccard: O índice de Jaccard ou coeficiente de semelhança de Jaccard determina a semelhança entre os membros de dois agrupamentos. Calcula a percentagem de pontos de dados semelhantes ou dissemelhantes num agrupamento. Uma percentagem mais elevada significa que os dois agrupamentos são mais semelhantes.

Na Fig.5.4, analisámos o desempenho de três algoritmos de agrupamento (distância mínima, DB-scan, GMM) com base no índice Rand e no índice Jaccard.

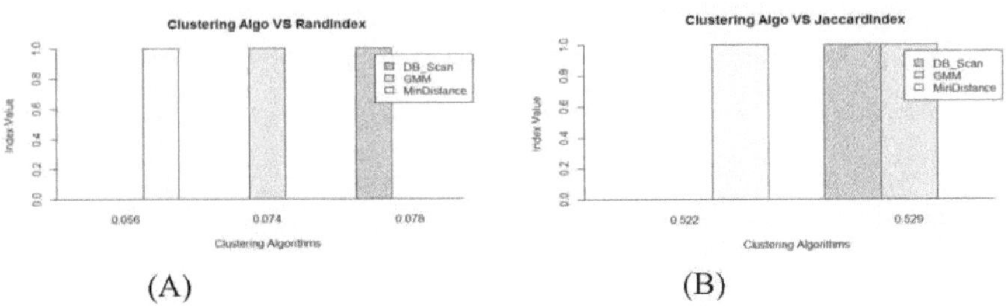

Fig.5.4 Conjunto de dados sobre a qualidade do vinho: (A)-Comparação entre três métodos de agregação baseados no "Índice de Rand" (B)-Comparação entre três métodos de agregação baseados no "Índice de Jaccard".

A partir da fig.5.4, podemos verificar que o DB-Scan e o GMM têm o mesmo índice Jaccard mais elevado que o DB-Scan tem o índice Rand mais elevado. Assim, tendo em conta o valor de ambos os índices, podemos concluir que o DB-Scan tem um bom desempenho do que os outros algoritmos (distância mínima, GMM) quando seleccionamos o índice Rand/Jaccard como parâmetro de validação para a evolução do desempenho dos clusters. Depois de completar a parte da análise, podemos encontrar o método de agrupamento adequado para implementar o nosso algoritmo FindTarget[19]. Quando seleccionamos o algoritmo de agrupamento útil, encontramos o agrupamento utilizando esse algoritmo de agrupamento e implementamos o algoritmo FindTarget no agrupamento específico. Se o cursor se mover eficazmente para os alvos dentro do agrupamento específico, o desempenho geral do BCI baseado em múltiplos alvos será melhorado e as pessoas paralisadas poderão responder rapidamente à interface do computador.

5.4 Classificação e transição de emoções utilizando uma abordagem de aprendizagem supervisionada A emoção desempenha um papel importante na interação homem-computador. A deteção de emoções é um domínio muito importante da BCI, em que os investigadores tentam detetar diferentes estados mentais do ser humano em diferentes situações, como ver filmes, ouvir música, etc. São utilizados vários tipos de sinais (ECG, EEG, etc.) para detetar as emoções humanas, mas entre eles o EEG é o mais utilizado. No início, o sinal EEG é captado em diferentes canais e classificamos (utilizando SVM) diferentes emoções humanas com base em parâmetros estatísticos de caraterísticas relevantes. Uma vez efectuada a classificação, procedemos à transição do estado emocional com base no valor dos diferentes canais. Toda a secção está dividida em duas partes: (1) Redução da dimensão das caraterísticas utilizando a abordagem gráfica baseada na correlação, (2) Modelo de transição de estado para a transição entre dois estados emocionais para um intervalo de tempo fixo. O fluxograma de todo o trabalho é apresentado a seguir na fig.5.5.

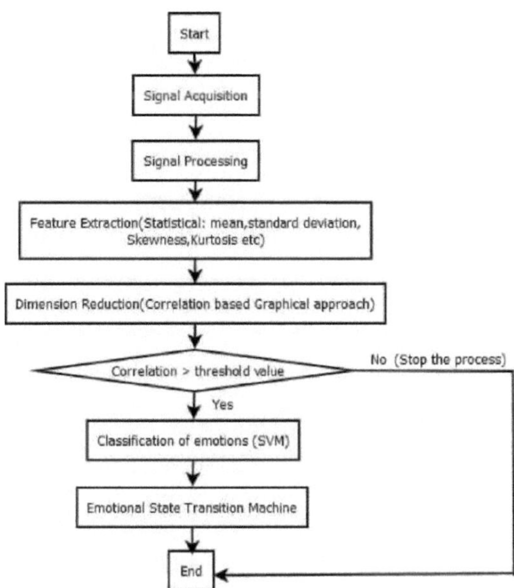

Fig:5.5 Fluxograma do processo de deteção e transição de emoções

Depois de o sinal cerebral ser captado e filtrado, é necessário extrair as informações úteis das caraterísticas. Para o vetor de caraterísticas de elevada dimensão, é necessário reduzir a dimensão das caraterísticas. Neste caso, utilizámos uma abordagem gráfica baseada na correlação para reduzir a dimensão das caraterísticas. Uma vez obtido o conjunto reduzido de caraterísticas, procede-se ao processo de classificação utilizando a informação estatística desse conjunto reduzido de caraterísticas.

(A)Classificação das emoções

- Redução da dimensão utilizando a "abordagem teórica dos grafos baseada na correlação"

Considere-se um grafo não direcionado G (V, E, W), em que "V" representa um vértice (canais EEG do conjunto de dados), "E" representa uma aresta entre dois canais e "W" representa o peso ou a correlação entre dois canais. Agora calculamos a intracorrelação e a intercorrelação entre dois hemisférios do cérebro. Aqui utilizamos a "correlação de Pearson" para encontrar o coeficiente de correlação intra/inter dos canais. Inicialmente, escolhemos um valor limiar (T_{hv}) e, se a correlação entre dois canais ($\rho(v1,v2)$) for superior ao valor limiar, mantemos essa extremidade no gráfico reduzido final. O valor de adjacência entre dois canais é calculado utilizando a seguinte fórmula

$$\delta_{v1,v2} = \begin{cases} 1, & \text{if } \rho_{(}v1, v2) \geq Th_v \\ 0, & \text{otherwise} \end{cases}$$

.........(22)

Onde, $\delta v1_{,v2}$ é o valor de adjacência entre dois canais, $\rho(v1,v2)$ é a correlação entre dois canais e *Thv* é o valor limite definido pelo utilizador para a correlação. A partir da equação, podemos compreender que apenas mantemos os canais altamente correlacionados para o nosso processo futuro (classificação) quando $\delta v1_{,v2} = 1$. A correlação entre dois canais também é descrita utilizando a medida de semelhança. Traçámos a matriz de semelhança de cada par de canais e encontrámos a matriz de adjacência correspondente depois de escolhermos um valor de limiar significativo. Nas figuras 5.6 e 5.7, mostrámos o gráfico original e o gráfico reduzido (depois de aplicar esta técnica de redução da dimensão).

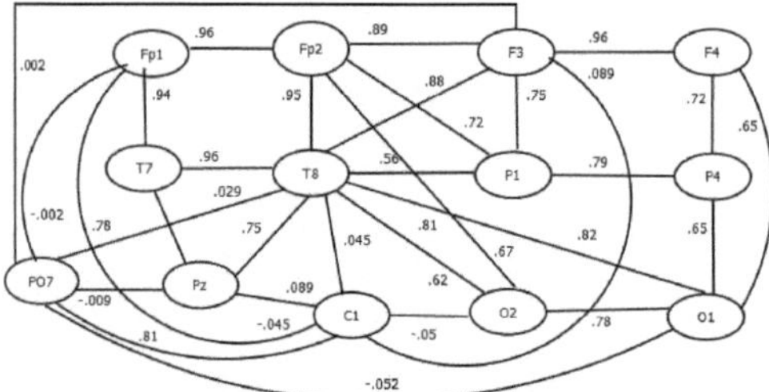

Fig.5.6 Gráfico original

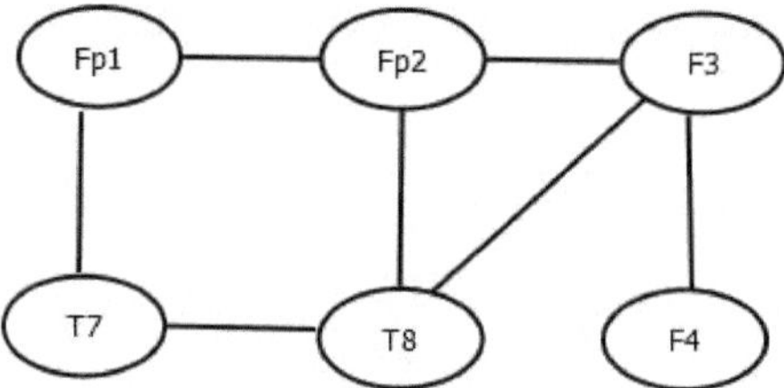

Fig.5.7 Gráfico reduzido final

A partir da fig.5.6 e da fig.5.7 podemos verificar que o gráfico original com 13 canais foi reduzido para apenas 6 canais úteis. A redução foi feita com base no valor limite dado pelo utilizador. Para uma melhor compreensão da correlação de cada par de canais e da respectiva matriz de adjacência, apresenta-se de seguida.

Similarity matrix

$$\text{Mat}_{Sim} =$$

	FP1	FP2	F3	F4	T7	T8	P1	P4	Pz	C1	O2	O1	PO7
FP1	1	.96	.88	.96	.94	.94	.71	.71	.76	−.045	−.05	.77	−.002
FP2	.96	1	.89	.95	.95	.95	.72	.77	.75	.045	.56	.55	−.001
F3	.88	.89	1	.96	.87	.88	.75	.74	.72	.089	.80	.80	.002
F4	.96	.95	.96	1	.87	.87	.73	.72	.72	.088	.65	.65	.001
T7	.94	.95	.87	.87	1	.96	.56	.52	.78	.045	.62	.67	.029
T8	.94	.95	.88	.87	.96	1	.56	.50	.75	.045	.62	.82	.029
P1	.71	.72	.75	.73	.56	.56	1	.79	.70	.088	.63	.65	−.008
P4	.71	.77	.74	.72	.52	.50	.79	1	.66	.078	.61	.65	−.007
Pz	.76	.75	.72	.72	.78	.75	.70	.66	1	.089	.61	.63	−.009
C1	−.045	.045	.089	.088	.045	.045	.088	.078	.089	1	−.05	−.07	.81
O2	−.05	.56	.80	.65	.62	.62	.63	.61	.61	−.05	1	.78	−.051
O1	.77	.55	.80	.65	.67	.82	.65	.65	.63	−.07	.78	1	−.052
PO7	−.002	−.001	.002	.001	.029	.029	−.008	−.007	−.009	.81	−.051	−.052	1

Adjacency matrix (after dimension reduction)

$$\text{Mat}_{Adj} =$$

	FP1	FP2	F3	F4	T7	T8
FP1	0	1	1	1	1	1
FP2	1	0	1	1	1	1
F3	1	1	0	1	1	1
F4	1	1	1	0	1	1
T7	1	1	1	1	0	1
T8	1	1	1	1	1	0

A matriz de similaridade define a correlação entre cada par de canais e, a partir da matriz de similaridade, criamos a matriz de adjacência (o conjunto reduzido de canais úteis) com base no valor limiar. Os canais mais semelhantes (o valor de semelhança é superior ao valor limiar) são selecionados na matriz de adjacência. Depois de reduzirmos a dimensão das caraterísticas, vamos buscar a informação relevante (estatística: média, mediana, assimetria, curtose) apenas ao conjunto reduzido de canais e procedemos à classificação das caraterísticas.

- *Classificação de caraterísticas utilizando SVM*

Depois de extrair caraterísticas úteis do sinal, procede-se à classificação das caraterísticas utilizando SVM. Escolhemos o SVM porque classifica os dados no espaço de entrada de dimensão linear e não linear (superior). Executamos o algoritmo de classificação num conjunto de dados BCI bem conhecido "Kaggle-NER 2015". Os pormenores dos parâmetros de classificação são apresentados na tabela 4.

Tabela 4. Pormenores dos parâmetros do SVM sobre o conjunto de dados "KaggleNER-2015

Tipo SVM	SVM- kernel	Gama	Épsilon	Número de vectores de apoio
eps-regressão	radial	0.5	0.1	656

Neste caso, utilizamos a função de núcleo radial para classificar dados não lineares. O valor de epsilon é utilizado para a função de perda. A função de perda é necessária para as amostras mal classificadas. O parâmetro gama é utilizado para todos os núcleos, exceto o -linear". Verificamos agora como o SVM classificou diferentes estados emocionais com base na média, no desvio padrão, na assimetria e no valor da curtose. Capturámos a informação estatística de cada canal útil utilizando o software -signal plant". O SVM classifica os dados em 4 classes. As descrições pormenorizadas das informações estatísticas de cada canal com diferentes estados emocionais são apresentadas na Tabela 5.

Tabela 5. Classificação baseada em caraterísticas estatísticas

Emocional Estados	Caraterísticas estatísticas			
	Média	Desvio padrão	Skewness	Curtose
Positivo	687.246	48.160	1.00	.170
Negativo	-728.256	32.589	-.149	-.332
Deprimido	-869.379	37.496	.450	-.201
Harmonia	184.758	27.860	.122	.120

Análise de desempenho da classificação

Uma vez terminada a classificação, procede-se à análise do desempenho da classificação. Efectuámos a análise de desempenho utilizando a matriz de confusão. A matriz de confusão fornece o número de previsões corretas e incorrectas de uma forma resumida para cada classe. Além disso, a precisão do classificador pode ser facilmente medida utilizando a matriz de confusão. A matriz de confusão com quatro classes emocionais é apresentada de seguida.

Confusion Matrix:

$$\text{Mat}_{con} = \begin{array}{c} \\ PositiveEmotion \\ NegativeEmotion \\ Depressed \\ Harmony \end{array} \begin{array}{cccc} PositiveEmotion & NegativeEmotion & Depressed & Harmony \\ \left[\begin{array}{cccc} 35 & 39 & 4 & 4 \\ 11 & 614 & 3 & 5 \\ 17 & 31 & 21 & 7 \\ 18 & 30 & 4 & 166 \end{array}\right] \end{array}$$

A partir da matriz de confusão acima descrita, obtém-se a exatidão da classificação.

Exatidão = Soma de todas as entradas na diagonal/Número total de pontos de dados

(35+614+21+166)/1009=82,85%

A precisão da classificação é bastante otimista, pelo que podemos assumir que podemos classificar corretamente a maioria dos dados de amostra utilizando SVM.

(B) Modelo de transição do estado emocional

Depois de os estados emocionais serem corretamente classificados a partir do sinal cerebral, podemos passar à segunda fase do nosso trabalho: a máquina de transição de estados emocionais. A máquina descreve a transição de um estado emocional para outro após um intervalo de tempo fixo, utilizando diferentes valores de canais. O estado inicial da máquina é -neutro" e a ativação da onda $\alpha/\beta/\gamma$ na região específica do hemisfério é captada por diferentes eléctrodos. Os valores aumentados e diminuídos dos eléctrodos são registados numa tabela para um intervalo de tempo fixo. Assim que as entradas (valor antigo/novo dos eléctrodos, canais, intervalo de tempo) são captadas, executamos a nossa máquina de transição de estados utilizando a nova função de transição.

A máquina (M) pode ser descrita por seis tuplos que são mencionados de seguida.

M=[Q, Σ, Γ , Γ_{oldnew} ,F,T]

Onde Q é o número finito de estados emocionais (Neutro, Emoção positiva, Emoção negativa, Deprimido, Harmonia)

Σ =Número finito de canais {FP1,FP2,F3,F4,F7,F8,T7,T8,PO7}

$_{old}$ = ΓO valor antigo dos canais

$_{new}$ =O Γnovo valor dos canais

F= Função de transição que é descrita da seguinte forma.

$$F(q_1 * \Sigma * \Gamma_{old} * \Gamma_{new} * T) \rightarrow q_2$$

Onde q_1 ,q_2 pertencem a Q e o estado atual =q_1 e o estado seguinte =q_2 T= Intervalo de tempo fixo para mudar os estados.

A máquina de transição de estados está representada na fig.5.8.

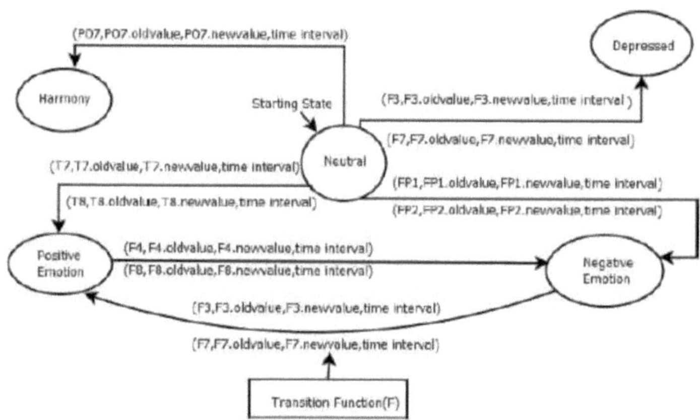

Fig.5.8 Modelo de transição do estado emocional

Aqui {Feliz,Alegria} pertence ao estado emocional Positivo , {Medo,Triste,Ansiedade} pertence ao estado emocional Negativo e {Amor,Serenidade} pertence ao estado de harmonia.

Pode haver outros estados emocionais que pertencem ao estado emocional positivo/negativo, de acordo com o modelo emocional 2D (modelo de excitação-valência)[26]. Aqui apenas nos concentramos em alguns estados emocionais importantes relacionados com a vida quotidiana.

A função de transição desempenha o papel mais importante na transição de estados. A função de transição chama um algoritmo de função de transição que altera o estado emocional de um para outro com base nos parâmetros de entrada. Não existe um estado final fixo, uma vez que a máquina pode ir para qualquer um dos estados finais após um intervalo de tempo fixo para um valor de canal válido. O algoritmo da função de transição é apresentado na subsecção seguinte.

Algoritmo proposto para a função de transição

Algorithm 1: Emotional state transition based on channels value for a fixed time interval.

Input	: Present and new state, time interval, channels name and their corresponding current and new values (after the fixed time interval).
Output	: The machine will move to the next state for correct inputs or remain in the same state for wrong inputs.

```
1  Set time interval= 't' minute
2  If (Presentstate == 'Neutral' and Nextstate =='Depressed') then
3      If ((Channel == ('F3' OR 'F7')) AND ((F3.oldvalue > F3.Newvalue)
           OR (F7.oldvalue > F7.Newvalue))) then
4          Move to the next state.
5      else
6          Remains in the same state.
7      end
8  If (Presentstate == 'Neutral' and Nextstate == 'PositiveEmotion') then
9      If ((Channel == ('T7' OR 'T8')) AND ((T7.oldvalue < T7.Newvalue)
           OR (T8.oldvalue < T8.Newvalue))) then
10         Move to the next state.
11     else
12         Remains in the same state.
13     end
14 If (Presentstate == 'Neutral' and Nextstate == 'NegativeEmotion') then
15     If ((Channel == ('FP1' OR 'FP2')) AND ((FP1.oldvalue <
           FP1.Newvalue) OR (FP2.oldvalue < FP2.Newvalue))) then
16         Move to the next state.
17     else
18         Remains in the same state.
19     end
20 If (Presentstate == 'PositiveEmotion' and Nextstate == 'NegativeEmotion')
       then
21     If ((Channel == ('F4' OR 'F8')) AND ((F4.oldvalue < F4.Newvalue)
           OR (F8.oldvalue < F8.Newvalue))) then
22         Move to the next state.
23     else
24         Remains in the same state.
25     end
26 If (Presentstate == 'NegativeEmotion' and Nextstate == 'PositiveEmotion')
       then
27     If ((Channel == ('F3' OR 'F7')) AND ((F3.oldvalue < F3.Newvalue)
           OR (F7.oldvalue < F7.Newvalue))) then
28         Move to the next state.
29     else
30         Remains in the same state.
31     end
32 If (Presentstate == 'Neutral' and Nextstate == 'Harmony') then
33     If ((Channel == 'PO7') AND ((PO7.oldvalue < PO7.Newvalue) OR
           (PO7.oldvalue > PO7.Newvalue))) then
34         Move to the next state.
35     else
36         Remains in the same state.
37     end
```

A partir da fig. 5.8, podemos constatar que os eléctrodos colocados na secção frontal do cérebro são responsáveis pela transição do estado neutro para a emoção deprimida e da emoção negativa para a positiva. Os eléctrodos utilizados na secção temporal são úteis para a transição da emoção neutra para a emoção positiva. Recolhemos algumas amostras do conjunto de dados "Kaggle NER-2015" e implementámos o modelo de transição de estado com base no valor dos canais úteis (antigo e novo) após um intervalo de tempo fixo. Em 5.9 (A-D), desenhámos os diferentes diagramas de transição de estado a partir do estado inicial utilizando o software "JFLAP".

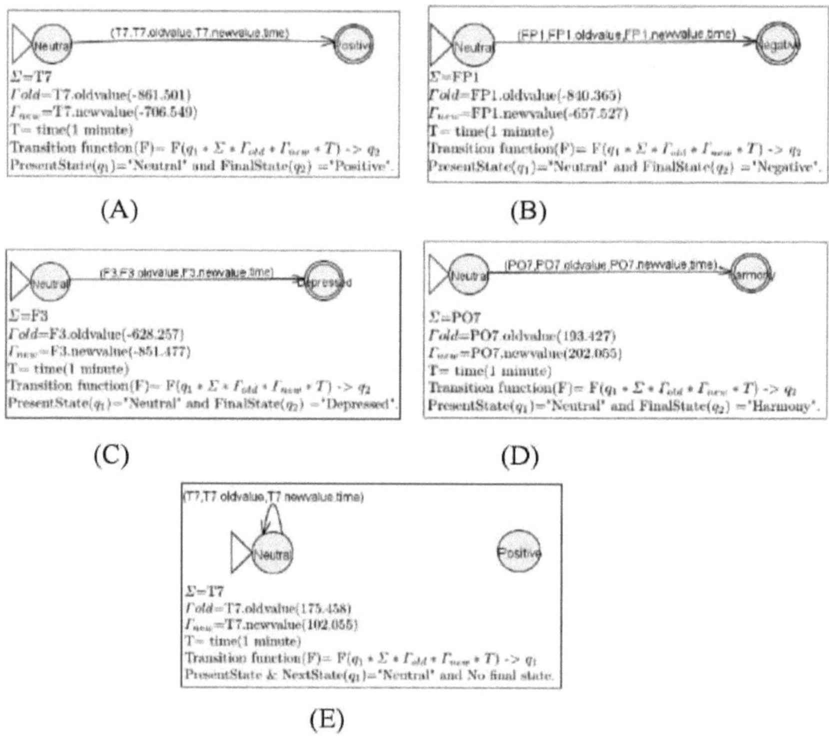

(A)

(B)

(C)

(D)

(E)

Fig.5.9: (A-D) Transição para entradas corretas: (A) neutro para emoção positiva, (B) neutro para emoção negativa, (C) neutro para emoção deprimida e (D) neutro para emoção de harmonia. Em todos os casos, o estado seguinte é o estado final. (E) Não há transição de estado devido a entradas incorrectas, a máquina está em looping no mesmo estado.

A partir da fig. 5.9, podemos constatar que o aumento do valor do canal (PO7) na zona parieto-occipital conduz a uma emoção de harmonia. O sujeito deprimido tem menos ativação na secção frontal esquerda (F3/F7). O aumento do valor do lóbulo temporal (T7) e do lóbulo frontal polar (FP1/FP2) do cérebro é responsável pela emoção positiva (felicidade, alegria, etc.) e pela emoção negativa (medo, ansiedade, raiva, etc.), respetivamente.

Nesta secção, podemos discutir em pormenor a classificação das emoções humanas, especialmente no caso das pessoas paralisadas que não conseguem exprimir os seus sentimentos. Uma vez classificada a emoção, podemos verificar o estado emocional das pessoas paralisadas após um intervalo de tempo fixo utilizando o modelo de transição de estado. Como o nosso modelo tem uma precisão de classificação mais elevada do que todo o modelo de classificação de emoções anterior [27, 28], o tempo de resposta do sistema BCI foi aumentado para que as pessoas paralisadas possam comunicar eficazmente com a interface da aplicação. Com a ajuda do modelo de transição de estados, as pessoas paralisadas podem visualizar os seus pensamentos mentais ou o seu estado emocional após um intervalo de tempo fixo, de modo a poderem exprimir os seus sentimentos de forma eficaz a um mundo exterior.

5.5 Movimento eficiente do cursor utilizando o agrupamento de grelhas (CLIQUE)

Na secção anterior, discutimos o movimento do cursor num sistema BCI baseado em múltiplos alvos, em que os pontos de dados são agrupados em diferentes grupos e, com base no algoritmo de agrupamento, atribuímos o cursor a qualquer um dos grupos. Mas não podemos definir a rapidez com que o cursor se pode mover para o alvo dentro de um agrupamento. Para esse efeito, utilizamos o agrupamento baseado em grelha (CLIQUE), em que a grelha é dividida em células de tamanho fixo (configurável) e os alvos são atribuídos às células. O agrupamento CLIQUE divide-se em duas etapas: 1) Dividir o espaço de entrada em diferentes subespaços de menor dimensão 2) Fundir as células densas de cada subespaço para obter o cluster do espaço de maior dimensão. Aqui podemos observar o movimento do cursor de uma célula para outra e, com a ajuda de um tamanho de célula configurável, podemos medir a taxa de transferência do cursor após um intervalo de tempo fixo. Se a taxa de transferência for mais elevada, então o cursor pode atingir o alvo num tempo mínimo e a eficácia do BCI baseado em múltiplos alvos será melhorada. O algoritmo do CLIQUE que utiliza o algoritmo FindTarget[18] para o movimento do cursor foi descrito no algoritmo 2.

Algorithm 2: Cursor movement to Multi-Target using CLIQUE clustering algorithm.

Input : Initial position of the cursor and multiple targets in N dimensional input space,Cell(C) in (M*K) dimensional space, Cell size, Density threshold points(Th_c).

Output: All the targets get vanished as the cursor reaches to all of them.

1 **(A)Partition Step:** Partition the N dimensional input space into lower dimensional subspace. Targets of the three dimensional input space(M,N,K) is divided into two subspaces(lower dimension:N-1) S1($D_{M1},D_{M2},.....D_{MK},$) and S2($D_{N1},D_{N2},.....D_{NK}$). Setting cursor in any one of the subspaces(S1 or S2).

2 Size of the cell(x)=p*q unit;

3 **for** *(i=0;i<M;i++)* **do**

4   **for** *(j=0;j<K;j++)* **do**

5   **if** *(Number of points in cell C[i][j] > Th_c)* **then**

6   C[i][j]=1 //dense cells

7   **end**

8   **end**

9 **end**

10 **while** *(C[i][j]==1)* **do**

11   Compute the centroid(μ) for each cell C[i][j];

12     $\forall datapoints$(d_i) in C[i][j]

13   Find the distance between d_i and μ

14   Closest point_Cell(CP)= MinDist(d_i , μ)

15   Furthest point_Cell(FP)= MaxDist(d_i , μ)

16 **end**

17 **(B)Merge step**

18 **if** *(Distance(FP(C[m_1][k_1]), CP(C[m_1][n_1]) <= cell size(x))* **then**

19   Merge two adjacent cell C[m_1][k_1] in (M*K) dimension and C[m_1][n_1] in (M*N) dimension into (M*N*K) dimensional space.

20   New cluster(C_X) in three dimensional space(M*N*K) =Merge(C[m_1][k_1],C[m_1][n_1])

21 **end**

22 Call the FindTarget algorithm [4] for cursor movement to the nearest target within the cluster (C_X).

23 When the cursor reaches to the nearest target, then that target gets vanished.

24 Once all the targets within the cluster(C_X) has vanished then call the above process for new set of targets.

Etapas do movimento do cursor para alvos múltiplos utilizando o agrupamento em grelha (CLIQUE)

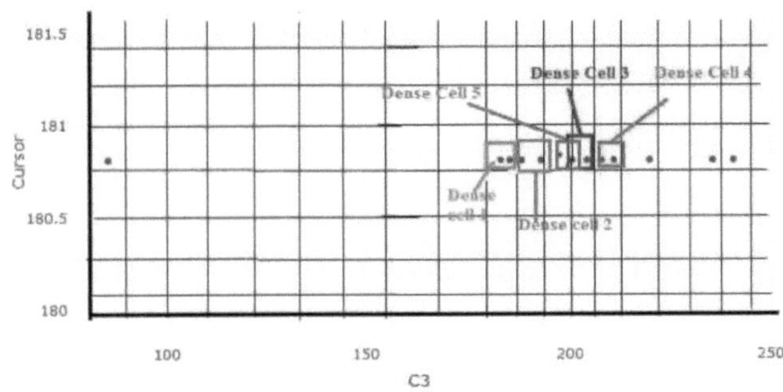

Fig.5.10 Células densas iniciais na grelha

Passo 1: Encontrar as células densas (célula com mais pontos de dados do que pontos de limiar) dentro da grelha.

Passo 2: Fundir as células densas adjacentes mais próximas para formar um grande agrupamento de dimensão superior. Aqui, fundir a célula densa 1 e a célula densa 2 em 1st iteração e a célula densa 3, a célula densa 4 e a célula densa 5 em 2nd iteração. Aqui escolhemos os pontos de limiar por célula =2, pelo que qualquer célula que tenha mais pontos de dados do que os pontos de limiar é designada por *célula densa*. A fusão da célula densa na 1ª iteração é mostrada na Fig.5.11.

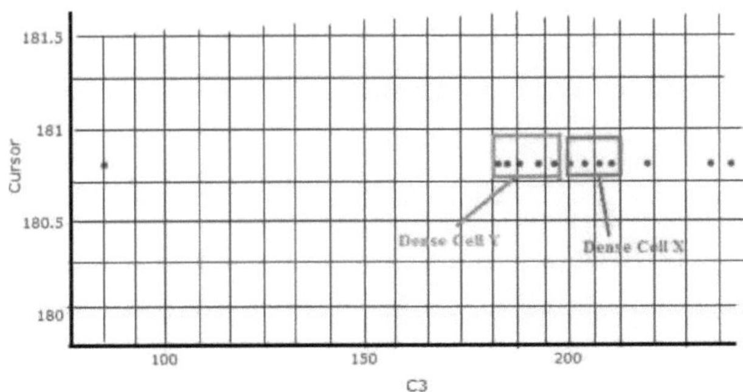

Fig.5.11 Célula densa após 1st iteração de fusão

Passo 3: Após a fusão de todas as células densas, é criado o cluster final (a maior célula que contém todas as células densas). O cluster final utilizando o CLIQUE é apresentado na Fig.5.12.

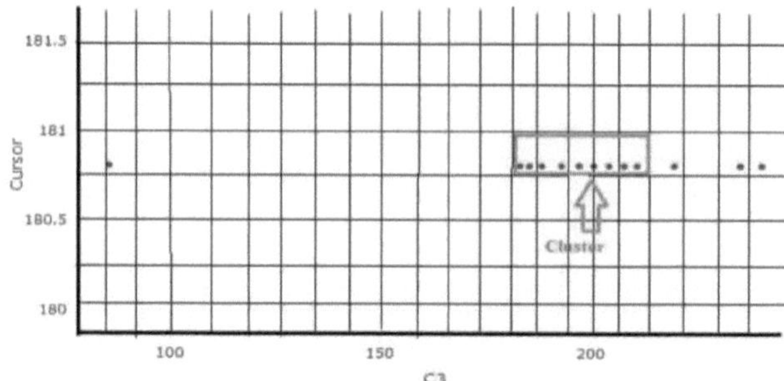

Fig.5.12 Agrupamento final utilizando CLIQUE

Passo 4: Uma vez criado o grupo final, chamamos o algoritmo Find target [18] a todos os alvos (na região densa) dentro do grupo final. O movimento do cursor dentro do grupo é descrito na Fig.5.13, Fig.5.14 e Fig.5.15.

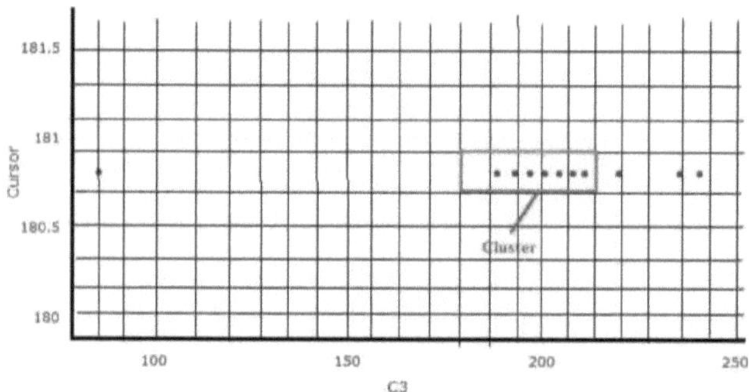

Fig.5.13 Movimento do cursor no interior do grupo: O cursor atingiu os dois alvos na célula mais à esquerda da grelha, pelo que estes desaparecem.

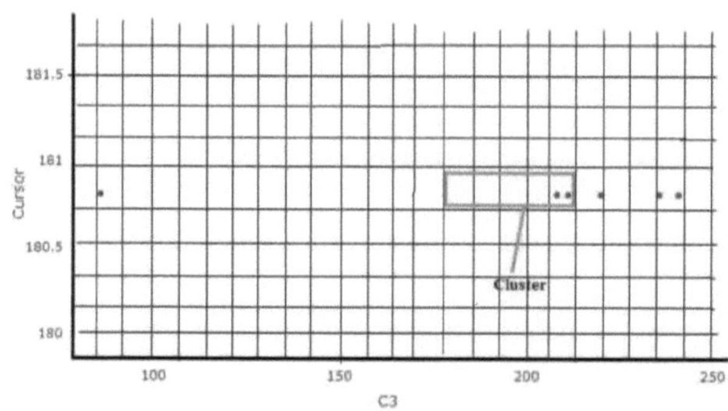

Fig.5.14 Movimento do cursor no interior do grupo: O cursor atingiu todos os alvos na célula da grelha, exceto a célula mais à direita.

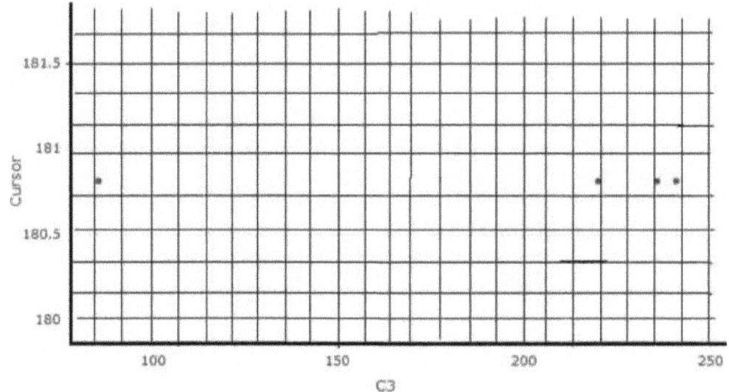

Fig.5.15 Movimento do cursor no interior do grupo: O cursor atingiu todos os alvos na célula da grelha, pelo que todo o agrupamento e todos os alvos desapareceram.

Passo 5: A partir da Fig.5.13, Fig.5.14 e Fig.5.15, podemos verificar como o cursor se move para todos os alvos na célula e, assim que o cursor atinge todos os alvos, o próprio agrupamento desaparece. Utilizando o agrupamento CLIQUE, podemos interpretar facilmente o movimento do cursor de uma célula para outra. Como o tamanho da célula da grelha é configurável, com base no tamanho da célula introduzido pelo utilizador (altura*largura), podemos compreender a taxa de transferência do cursor. Como o movimento do cursor é de natureza horizontal, consideramos apenas a largura da célula e podemos calcular quantos alvos (numa célula) foram atingidos pelo cursor numa unidade de tempo. Se o número de alvos existir na região densa e o tamanho da célula tiver um valor ótimo, então uma célula contém um número máximo de alvos e o cursor atinge os alvos num tempo mínimo, pelo que a eficiência do sistema BCI baseado em múltiplos alvos será aumentada e as pessoas paralisadas poderão comunicar eficazmente com o mundo exterior.

5.6 Resumo

Nesta secção, discutimos os diferentes tipos de trabalhos de investigação relacionados com o BCI. O movimento do cursor para o alvo único e para o alvo múltiplo é um tópico muito importante do BCI, uma vez que, utilizando o movimento eficaz do cursor, as pessoas paralisadas podem comunicar sem problemas com o mundo exterior. Neste capítulo, discutimos o movimento do cursor para o alvo único e para o alvo múltiplo utilizando diferentes algoritmos de agrupamento. Também discutimos qual o melhor algoritmo de agrupamento para o movimento do cursor. Para determinar a taxa de transferência de um cursor, utilizámos o agrupamento baseado em grelha (CLIQUE). Num futuro próximo, tentaremos determinar a complexidade computacional do movimento do cursor com base no CLIQUE

algoritmo e taxa de transferência de bits do BCI baseado em múltiplos alvos utilizando o CLIQUE. Por último, queremos discutir o tópico mais importante chamado classificação e transição emocional utilizando uma abordagem de aprendizagem supervisionada. Podemos classificar eficazmente cada estado emocional das pessoas com deficiência e descobrir como o estado emocional mudou após um intervalo de tempo fixo utilizando a máquina de transição de estados.

Capítulo 6

Questões de investigação futuras e aplicações em BCI

A interface cérebro-computador invasiva e não invasiva é um domínio de investigação emergente. Um número crescente de neurologistas, neurocirurgiões, neurocientistas, teóricos e engenheiros informáticos têm-se interessado por este domínio e o seu trabalho dá esperança de avanços significativos. Entre todas estas ideias, esta secção centra-se em alguns âmbitos de trabalho e desafios futuros. Estes são brevemente discutidos a seguir,

- *Desafios do processo de formação*

É necessária uma formação adequada do utilizador para realizar as actividades relacionadas com o BCI, quer através do processo quer do número de sessões gravadas. O utilizador é treinado para lidar com o sistema, bem como para controlar os sinais de feedback do seu cérebro na fase inicial, enquanto na fase de calibração, o sinal do sujeito treinado foi utilizado para aprender o classificador utilizado [35]. Todo o processo de formação do utilizador é muito moroso. Assim, para reduzir este problema de consumo de tempo, é necessário utilizar um único ensaio em vez da análise de vários ensaios.

- *Seleção do sinal cerebral adequado*

Em geral, diz-se que as mudanças no sinal cerebral ao longo do tempo produzem padrões diferentes. O BCI baseado em ERD não conseguiu identificar alguns padrões que são reconhecidos pelo sinal SSVEP. Algumas pessoas paralisadas não conseguem produzir um padrão correto utilizando sinais cerebrais. Por isso, é muito importante escolher o sinal cerebral adequado.

- *Dependência de assuntos*

A classificação baseada em FBCSP e Random Forest não dá o melhor resultado para cada caraterística em segmentos de tempo. A precisão da classificação depende muito do objeto.

* *Seleção de parâmetros*

No artigo[33], o autor descreveu que o desempenho das abordagens FLDA, BLDA e NN no sistema BCI baseado no P300 depende principalmente de vários parâmetros de entrada, como os dados de entrada, o número de eléctrodos, a configuração dos eléctrodos, os vectores de caraterísticas, etc. Este documento ilustra as etapas de pré-processamento (escalonamento das entradas, configuração dos eléctrodos, criação de vectores de caraterísticas, etc.), que também afectam o resultado da classificação.

* *Pequeno conjunto de treino*

Se o conjunto de treino for relativamente pequeno, o processo de treino não pode ser completado e testado corretamente devido à indisponibilidade de amostras. O algoritmo genético sofre com a elevada correlação dos vectores de caraterísticas num conjunto de dados pequeno, pelo que a precisão da classificação se torna fraca [34].

* *Não linearidade*

O cérebro é um sistema não linear altamente complexo. Como o sinal EEG é não linear e dinâmico por natureza, o classificador não linear tem vantagem sobre o linear. O processo de extração de caraterísticas depende por vezes do comportamento dinâmico do sinal.

* *Ambiente ruidoso*

O ruído é um grande desafio para a construção de um bom sistema BCI. A propriedade não estacionária do sinal cerebral provoca por vezes ruído. O ruído pode ser originado pelo reposicionamento das posições dos eléctrodos ou por eventos externos.

* *Resposta hemodinâmica*

O sinal é gerado por alterações rápidas nas propriedades ópticas do tecido cerebral. O sinal produz uma resposta hemodinâmica de diferentes padrões para classificação. A resposta hemodinâmica é muito lenta e a intensidade do sinal NIRS é muito afetada pela espessura do cabelo e pelo movimento da cabeça do utilizador.

* *Desafio da elevada dimensionalidade*

No sistema BCI, a grande quantidade de dados é registada a partir de múltiplos canais para conservar uma elevada precisão espacial. Na verdade, aumenta exponencialmente a dimensionalidade dos vectores. Foram propostos diferentes métodos de extração de caraterísticas para identificar caraterísticas únicas. Desta forma, o desempenho do classificador será afetado apenas por um pequeno número de caraterísticas distintivas, em vez de todos os sinais gravados com informações desnecessárias [35].

A investigação sobre BCI está principalmente centrada em aplicações médicas, em que a investigação se dedica a proporcionar às pessoas com deficiência a possibilidade de comunicar com o seu ambiente, incluindo o envio de mensagens verbais e a atividade física não verbal que exige o controlo BCI de membros artificiais. Obtivemos conhecimentos de vários paradigmas de BCI que conduziram a muitas aplicações de BCI no domínio médico. Por exemplo, o controlo das posições e direcções de uma cadeira de rodas, a navegação num ambiente virtual, a composição de uma mensagem verbal, a alteração dos estados emocionais de um ser humano com deficiência, a realização de algumas tarefas com um braço protésico, etc. [36]. Para realizar todas estas actividades, a investigação sobre BCI necessita da ajuda de alguns conhecimentos avançados, como o processamento de sinais, o reconhecimento de padrões e a aprendizagem automática, etc. Além disso, há muitas aplicações não médicas que podem ter diferentes níveis de impacto na sociedade, como jogos, ambientes de realidade virtual, identificação biométrica para fins de segurança ou mesmo comerciais, controlo de casas inteligentes, controlo de robôs, para entretenimento, saúde ou segurança. As várias aplicações das BCI estão resumidas no quadro 6,

Tabela 6. Aplicações do mercado de BCI

Áreas de aplicação	Aplicações de mercado relacionadas com as ICB
Saúde e Neurociências	Leitura da mente, sistema de reconhecimento de emoções, diagnóstico, acompanhamento, reabilitação cognitiva e motora, nutrição.
Entretenimento	Cinema, arte, gráficos, desporto, vários controladores de

	jogos, jogos de realidade virtual.
Marketing e Finanças	Estudos de mercado e apoio à tomada de decisões, corretores de bolsa
Sectores tecnológicos (Comunicação)	Casa inteligente, capacete inteligente para treino baseado em realidade virtual, interface para smartphones, interação multimodal.
Segurança	Polícia, controlos de processos, segurança bancária, agricultura, segurança da bolsa, transportes.
Setor da Investigação e Desenvolvimento	Aquisição de sinais, processamento de sinais, interface homem-máquina, inteligência artificial e aprendizagem automática.

Resumo

Neste capítulo, discutimos várias aplicações da BCI e também explicamos os diferentes problemas em aberto para o futuro trabalho de investigação neste domínio. Esperamos que este capítulo ajude os investigadores a desenvolver uma investigação alargada sobre BCI no futuro.

Referências

1.   Ramadan, R. A., Refat, S., Elshahed, M. A., & Ali, R. A. (2015). Noções básicas de interface cérebro-computador. Em Brain-Computer Interfaces (pp. 31-50). Springer International Publishing.

2.   Sanei, S., & Chambers, J. A. (2013). Processamento de sinais EEG. John Wiley & Sons.

3.   https://www.mayfieldclinic.com/PDF/PE-AnatBrain.pdf.

4.   http://samples.jbpub.com/9781449652449/94170_CH02_SECURE.pdf.

5.   He, B., Gao, S., Yuan, H., & Wolpaw, J. R. (2013). Interfaces cérebro-computador. Em Neural Engineering (pp. 87-151). Springer US.

6.   Wolpaw, J. R., Birbaumer, N., McFarland, D. J., Pfurtscheller, G., & Vaughan, T. M. (2002). Interfaces cérebro-computador para comunicação e controlo. Clinical neurophysiology, 113(6), 767-791.

7.   Wolpaw, J. R. (2003, março). Interfaces cérebro-computador: Sinais, métodos e objectivos. Em Neural Engineering, 2003. Actas da Conferência. Primeira Conferência Internacional IEEE EMBS sobre (pp. 584-585). IEEE.

8.   Teplan, M. (2002). Fundamentos da medição de EEG. Measurement science review, 2(2), 1-11.

9.   Hamalainen, M., Hari, R., Ilmoniemi, R. J., Knuutila, J., & Lounasmaa, O. V. (1993). Magnetoencefalografia - teoria, instrumentação e aplicações a estudos não invasivos do cérebro humano em funcionamento. Reviews of modern Physics, 65(2), 413.

10.   Ortiz-Rosario, A., & Adeli, H. (2013). Tecnologias de interface cérebro-computador: do sinal à ação. Revisões em Neurociências, 24(5), 537-552.

11.   Lotte, F., Congedo, M., Lécuyer, A., Lamarche, F., & Arnaldi, B. (2007). Uma revisão dos algoritmos de classificação para interfaces cérebro-computador baseadas em EEG. Journal of neural engineering, 4(2), R1.

12. Bhattacharyya, S., Khasnobish, A., Chatterjee, S., Konar, A., & Tibarewala, D. N. (2010, dezembro). Análise do desempenho dos algoritmos LDA, QDA e KNN na classificação do movimento do membro esquerdo-direito a partir de dados EEG. Em Systems in Medicine and Biology (ICSMB), 2010 International Conference on (pp. 126-131). IEEE.

13. Ahangi, A., Karamnejad, M., Mohammadi, N., Ebrahimpour, R., & Bagheri, N. (2013). Sistema de classificadores múltiplos para classificação de sinais EEG com aplicação em interfaces cérebro-computador. Computação Neural e Aplicações, 23(5), 1319-1327.

14. Bauer, E., & Kohavi, R. (1999). Uma comparação empírica de algoritmos de classificação por votação: Bagging, boosting, and variants. Machine learning, 36(1), 105-139.

15. Basterrech, S., & Rubino, G. (2016). Um tutorial sobre redes neurais aleatórias na aprendizagem supervisionada. arXiv preprint arXiv: 1609.04846.

16. Nguyen, T., Khosravi, A., Creighton, D., & Nahavandi, S. (2015). Classificação do sinal EEG para aplicações BCI por wavelets e sistemas de lógica fuzzy de intervalo tipo 2. Sistemas Especializados com Aplicações, 42(9), 4370-4380.

17. Goswami, S., Das, A. K., Chakrabarti, A., & Chakraborty, B. (2017). Uma técnica de seleção de recursos baseada em taxonomia de cluster de recursos. Sistemas Especializados com Aplicações, 79, 76-89.

18. Chakladar, D. D., & Chakraborty, S. (2017, março). Estudo e análise de um controle de cursor de movimento rápido de forma multithread na interface cérebro-computador.In Conferência Internacional sobre Inteligência Computacional, Comunicações e Análise de Negócios (pp. 44-56). Springer, Singapura.

19. https://www.frontiersin.org/articles/10.3389/fnins.2011.00086/full

20. Cvetkovic, D., Übeyli, E. D., & Cosic, I. (2008). Extração de caraterísticas da transformada de Wavelet a partir de respostas de sinais humanos de PPG, ECG e EEG

a exposições ELF PEMF: Um estudo piloto. Digital signal processing, 18(5), 861-874.

21.http://michael.hahsler.net/SMU/EMIS7332/R/viz_classifier.html#k-nearest-neighbors-classifier.

22. Sitaram, R., Zhang, H., Guan, C., Thulasidas, M., Hoshi, Y., Ishikawa, A., & Birbaumer, N. (2007). Classificação temporal de sinais multicanal de espetroscopia de infravermelhos próximos de imagens motoras para o desenvolvimento de uma interface cérebro-computador. NeuroImage, 34(4), 1416-1427.

23. Kim, E. Y., & Johnson, H. (2010, março). Segmentação multi-estrutura de imagens cerebrais multi-modais usando redes neurais artificiais. Em Medical Imaging 2010: Processamento de imagens (Vol. 7623, p. 76234B). Sociedade Internacional de Ótica e Fotónica.

24. Bentlemsan, M., Zemouri, E. T., Bouchaffra, D., Yahya-Zoubir, B., & Ferroudji, K. (2014, janeiro). Padrões espaciais comuns de floresta aleatória e banco de filtros para classificação de imagens motoras baseadas em eeg. Em Sistemas Inteligentes, Modelação e Simulação (ISMS), 2014 5ª Conferência Internacional sobre (pp. 235-238). IEEE.

25. https://discuss.analyticsvidhya.com/t/what-is-the-difference-between-logit-and-probit-models/325/2

26. Davidson, R. J., Schwartz, G. E., Saron, C., Bennett, J., & Goleman, D. J. (1979, janeiro). Frontal versus parietal EEG asymmetry during positive and negative affect. Em Psychophysiology (Vol. 16, No. 2, pp. 202-203). IMPRENSA DA UNIVERSIDADE DE CAMBRIDGE.

27. Bhardwaj, A., Gupta, A., Jain, P., Rani, A., & Yadav, J. (2015, fevereiro). Classificação de emoções humanas a partir de sinais EEG usando classificadores SVM e LDA. Em Processamento de Sinais e Redes Integradas (SPIN), 2015 2ª Conferência Internacional sobre (pp. 180-185). IEEE.

28. Kim, J., & Andre, E. (2008). Emotion recognition based on physiological changes in music listening (Reconhecimento de emoções com base em alterações fisiológicas

na audição de música). IEEE transactions on pattern analysis and machine intelligence, 30(12), 2067-2083.

29. http://sebastianraschka.com/Articles/2014_python_lda.html.

30. https://computer.howstuffworks.com/brain-computer-interface1.htm.

31. Suleiman, A. B. R., & Fatehi, T. A. H. (2007). Técnicas de extração de caraterísticas do sinal EEG para aplicações BCI. Faculdade de Engenharia Informática e da Informação, Faculdade de Engenharia Eletrónica, Universidade de Mosul, Iraque.

32. Hindarto, H., & Sumarno, S. (2016). Extração de caraterísticas de sinais de eletroencefalografia usando a transformada rápida de Fourier. CommIT (Communication and Information Technology) Journal, 10(2), 49-52.

33. Bakhshi, A., e Ahmadifard, A. (2012). Uma comparação entre a precisão da classificação da rede neural, FLDA e BLDA no sistema BCI baseado em P 300. Revista Internacional de Aplicações Informáticas, 46(19), 11-15.

34. Rejer, I. (2015). Algoritmo genético com mutação agressiva para seleção de caraterísticas no espaço de caraterísticas BCI. Análise de padrões e aplicações, 18(3), 485492.

35. Abdulkader, S. N., Atia, A., & Mostafa, M. S. M. (2015). Interface cérebro-computador: Aplicações e desafios. *Egyptian Informatics Journal, 16*(2), 213-230.

36. Nijholt, A. (2016, maio). O futuro da interface cérebro-computador (artigo principal). Em *Informática, Eletrónica e Visão (ICIEV), 2016 5ª Conferência Internacional sobre* (pp. 156-161). IEEE.

37. McFarland, D. J., McCane, L. M., David, S. V., & Wolpaw, J. R. (1997). Spatial filterselection for EEG-based communication. *Electroencephalography and clinical Neurophysiology*, Elsevier, *103*(3), 386394.

38. Hwang, H. J., Kim, S., Choi, S., & Im, C. H. (2013). Interfaces braincomputador baseadas em EEG: uma pesquisa bibliográfica completa. *Jornal Internacional de Interação Homem-Computador, 29*(12), 814-826.

39. Müller, K. R., Tangermann, M., Dornhege, G., Krauledat, M., Curio, G., & Blankertz, B. (2008). Machine learning for real-time single-trial EEG-analysis: from brain-computer interfaceing to mental state monitoring. *Journal of neuroscience methods*, *167*(1), 82-90.

40. Lotte, F., Congedo, M., Lécuyer, A., Lamarche, F., & Arnaldi, B. (2007). Uma revisão dos algoritmos de classificação para interfaces cérebro-computador baseadas em EEG. *Journal of neural engineering*, *4* (2), R1.

41. Long, J., Li, Y., Yu, T., & Gu, Z. (2012). Seleção de alvo com recurso híbrido para controle de cursor 2-D baseado em BCI. *IEEE Transactions on biomedical engineering*, *59*(1), 132-140.

42. Aydemir, O., & Kayikcioglu, T. (2014). Classificação baseada na estrutura da árvore de decisão de sinais EEG registados durante imagens bidimensionais do movimento do cursor. *Journal of neuroscience methods*, *229*, 68-75.

43. McFarland, D. J., Krusienski, D. J., Sarnacki, W. A., & Wolpaw, J. R. (2008). Emulação do controlo do rato do computador com uma interface cérebro-computador não invasiva. *Journal of neural engineering*, *5* (2), 101.

44. McFarland, D. J., Sarnacki, W. A., & Wolpaw, J. R. (2010). Controlo eletroencefalográfico (EEG) de movimentos tridimensionais. *Journal of neural engineering*, *7*(3), 036007.

45. Murugappan, M., Ramachandran, N., & Sazali, Y. (2010). Classificação da emoção humana a partir do EEG usando a transformada wavelet discreta. *Journal of Biomedical Science and Engineering*, *3*(04), 390.

46. Chakladar, D. D., & Chakraborty, S. (2017, março). Estudo e análise de um controle de cursor de movimento rápido de forma multithread na interface cérebro-computador. Na *Conferência Internacional sobre Inteligência Computacional, Comunicações e Análise de Negócios* (pp. 44-56). Springer, Singapura.

47. R. Davidson, G.Schwartz, C.Saron, J.Bennett, D.Goleman, Frontal versus parietal EEG asymmetry during positive and negative affect, Psychophysiology 16(1979)202-203.

I want morebooks!

Buy your books fast and straightforward online - at one of world's fastest growing online book stores! Environmentally sound due to Print-on-Demand technologies.

Buy your books online at
www.morebooks.shop

Compre os seus livros mais rápido e diretamente na internet, em uma das livrarias on-line com o maior crescimento no mundo! Produção que protege o meio ambiente através das tecnologias de impressão sob demanda.

Compre os seus livros on-line em
www.morebooks.shop

Printed by Books on Demand GmbH, Norderstedt / Germany